図解 菜根譚

バランスよければ
憂いなし

齋藤 孝

ウェッジ

はじめに――人生の格言が詰まった本

『菜根譚』は、中国の明の末に生きた洪自誠《こうじせい》（生没年不詳）が「人がいかに生きていくべきか」を記した指南書です。「菜根」という言葉がタイトルに入っていますが、野菜とは関係ありません。人生の本質を短い文言でとらえた人生訓集です。

『論語』ほど認知度が高くないため教科書に出てくることはないし、誰かが教えてくれるということもほとんどないため、知らない人が多いかもしれません。読書好きの人がそれとなく出合う、隠れた名著と言えます。

しかし、たまたま『菜根譚』に触れた人は、「人生の格言がこんなところに詰まっていたのか！」と驚き、目覚めていきます。「座右の銘」を探すのに、これほどぴたりとはまる本はないことにも気づくでしょう。

新渡戸稲造は著書『自警録』の中で、何度も『菜根譚』から引用をしています。人生訓として共感できるところが多かったのでしょう。

生きていく上で思索を深める本なら、他にもたくさんあります。たとえばドイツの哲学者マルティン・ハイデッガーの『存在と時間』も思索を深められる内容ですが、この中に座右の銘を探そうとしても、なかなか難しい。なぜなら、全編を通した論理の展開で、読む人を説得しようとするからです。

ところが『菜根譚』は人生のある部分をスパッと切り取り、「こういうものだ」と言いきります。同じように格言をまとめた本に、江戸時代の儒学者佐藤一斎《いっさい》の『言志四録《げんししろく》』があります。これは儒教を中心にした東洋の思想を一斎が取り入れ、自分の格言にして書き記したもの。西郷隆盛は『言志四録』からさらに一〇〇個を抜き出し、自分の座右の銘にしていました。このようにして日本人は、書物の中から自分で言葉を選んで書き抜き、座右の銘にすることを繰り返してきたのです。

江戸時代、日本人の考え方の中心には中国伝来の儒教があり、仏教や道教も生活に取り込んでいました。いまでも日本人の精神の大きな部分は、中国古典と非常になじみがよいと言えます。西洋人が東洋思想を学ぶのとは構造的に違い、日本人にはすでに共鳴できるものが刷り込まれているのです。

『菜根譚』の中にも、「なんとなく懐かしい」とか「どこかで聞いた気がする」という気持ちになる言葉が多く登場します。初めてなのに初めてではないと感じるもの。自分の体や心の中に存在していたもの。それらが、本書と出合うことで結晶化していきます。

本書では、『菜根譚』の三五六の言葉の中から、現代に生きる私たちがピンとくるもの、座右の銘となるものを選びました。原文を尊重しつつ、覚えて使うことができやすいように、短く印象的な形にしました。

具体的な状況を身近につなげて考えるのが、古典を読む面白さです。本書では私の思いや体験をつなげましたが、みなさんも自分の状況をつなげてみると、『菜根譚』の言葉が心の格言になっていくでしょう。

また、いままでのシリーズで『論語』や『養生訓』を図解したように、本書でも図解を試みました。東洋の思想は二項対立での表現が多いため、図解してみると理解が進み、難しい言葉でもなじみやすくなります。

本書を通して初めて『菜根譚』に出合う人もいると思いますが、自分に引き付けて読み、座右の銘として使いこなしてみてください。そうすることでこの本との偶然の出合いを、必然の出合いに変えていってほしいと思います。

図解　菜根譚　もくじ

はじめに――人生の格言が詰まった本……001

第一章 日々すこやかに過ごす基本

ほほえみという作法……014
見るべし、天地には一日も和気無かるべからず、人心には一日も喜神無かるべからざることを。（前集6）

それぞれの場所のルールで生きる……018
以て事に応じ物に接せば、身心何等の自在ぞ。（後集62）

分かち合いの精神で……022
己の心を昧まさず。人の情を尽さず、物の力を竭さず。（前集183）

一生をかけて石を穿つ……026
水滴に石も穿たる。道を得る者は一えに天機に任す。（後集109）

静かすぎず、動きすぎない……029
静中の静は真の静に非ず。楽処の楽は真の楽に非ず。（前集89）

即断即決はしない……034
喜びに乗じて諾を軽くすべからず。酔いに因りて嗔を生ずべからず。快に乗じて事多くすべからず。（前集214）

冷静さには緩急が必要……038
間時には喫緊の心思あるを要し、忙処には悠間の趣味あるを要す。（前集8）

状況に応じて柔軟に、堅実に……043
治世に処りては、宜しく方なるべく、乱世に処りては、宜しく円なるべし。（前集51）

考え抜いて行動すれば後悔と不安は消える……047
一苦一楽。一疑一信（前集75）

足るを知り、人情を育む……051
茶は精を求めざるも、壺亦燥かず。酒は洌を求めざるも、罇亦空しからず。（後集133）

第二章　気持ちが楽になる心の持ち方

心を軽くスッキリと……056
君子の心事は、天青く日白く、人をして知らざらしむべからず。（前集3）

まずは思い込みを捨てる……060
魔を降すには、先ず自らの心を降せ。（前集38）

ネガティブな感情は少なく……065
福は事少きより福なるはなく、禍は心多きより禍なるはなし。（前集50）

意識はいつも流れるように……069
高きに登らば、人の心をして曠からしめ、流れに臨まば、人の意をして遠からしむ。（後集113）

心を〝虚〟にして〝実〟を満たす……073
心は虚ならざるべからず。心は実ならざるべからず。（前集76）

古典や本で精神の軸を作る……078
精神は万古に新たなるが如し。（前集148）

幸福は自分の心が作り出す……084
人生の福境禍区は、皆念想より造成す。念頭稍異ならば、境界は頓に殊なる。（後集１０８）

第三章　幸せになる生き方

平凡を貫く……090
醲肥辛甘は真味に非ず、真味は只是れ淡なり。（前集7）

愚直に生きる……095
人心の一真は、便ち霜をも飛ばすべく、城をも隕すべく、金石をも貫くべし。（前集１０２）

志を推進力に……099
人定まらば天に勝ち、志一ならば気を動かす。（前集42）

人の心をつかむのは〝人徳〟……104
徳は才の主にして、才は徳の奴なり。（前集１４０）

目指すのは〝貪得知足〟……109
得るを貪る者。足るを知る者。（後集29）

日々を行としてとらえる……113
筏に就くや、便ち筏を舎てんことを思わば、方めて是れ無事の道人なり。若し驢に騎りて、又復驢を覓めば、終に不了の禅師と為らん。（後集71）

うまくいかないときこそ力を蓄える……118
伏すること久しき者は、飛ぶこと必ず高く、開くこと先なる者は、謝すること独り早し。（後集76）

不全感を次につなげる……122
五分ならば便ち殃無し。五分ならば便ち悔ゆること無し。（前集１０５）

偶然の力を味方に付ける……127
即ち人世の機阱なり。（後集１２６）
決めるのはいつも自分……132
人生は原是れ一の傀儡なり。（後集１２７）
死を考え生きる……136
常に死を憂え病を慮らば、亦幻業を消して道心を長ずべし。（後集23）

第四章　生きやすくなる物の見方

習慣が体の一部になると気質に変わる……142
大巧は巧術無し。（前集63）
「冷眼熱心」を持つ……147
熱鬧の中に、一の冷眼を着くる。冷落の処に、一の熱心を存す。（後集58）
違和感には敏感に……151
一たび起らば便ち覚り、一たび覚らば便ち転ず。禍を転じて福と為し、死を起して生を回すの関頭なり。（前集87）
疲れているときには判断しない……156
一念にして鬼神の禁を犯し、一言にして天地の和を傷り、一事にして子孫の禍を醸す者有り。（前集１５２）
世間バランスを磨く……160
我に如かざるの人を思わば、則ち怨尤自ずから消えん。（前集２１３）
清濁あわせのむ器を持とう……165
水の清めるは、常に魚無し。（前集77）

視点が違えば見方が変わる……169
悪を聞きては、就には悪むべからず。善を聞きては、急には親しむべからず。（前集２０６）

心が伝わる〝拙さ〟……173
文は拙を以て進み、道は拙を以て成る。一の拙の字に無限の意味有り。（後集93）

家族と技は身を助ける……177
逆境の中に居らば、周身皆鍼砭薬石にして、節を砥ぎ行いを礪くも、而も覚らず。順境の内に処らば、満前尽く兵刃戈矛にして、膏を銷かし骨を靡らすも、而も知らず。（前集１００）

トラブルや思い残しは絶好のチャンス……182
人を看るには、只後の半截を看よ。（前集93）

第五章　自分も相手も心地いい関係の作り方

人の話を聞く力……188
群疑に因りて独見を阻むこと毋れ。公論を借りて私情を快くすること毋れ。（前集１３１）

理解力があると度量が広がる……192
徳は量に随いて進み、量は識に由りて長ず。（前集１４５）

叱るときは「イエス、ノー、イエス」……197
人の悪を攻むるときは、太だは厳なること毋く。（前集23）

人を責めない……202
人の小過を責めず、人の陰私を発かず、人の旧悪を念わず。（前集１０６）

※本書で引用した『菜根譚』の書き下し文は、中村璋八・石川力山著『菜根譚』（講談社学術文庫）に拠りました。一部文字遣いや語句については、読みやすいように編集しています。書き下し文の後の括弧は、講談社学術文庫版で示されている編と章番号を表しています。

編集協力――菅　聖子

第一章　日々すこやかに過ごす基本

ほほえみという作法

見るべし、天地には一日《いちじつ》も和気無かるべからず、人心《じんしん》には一日も喜神《きしん》無かるべからざることを。（前集6）

――天地の間には、たとえ一日でものどかな陽気がなくてはいけないし、人の心には、たとえ一日でも、喜び楽しむ気持ちがなくてはいけない。

上機嫌を意識する

心のありようを天気と重ねるとらえ方は、古くから中国にあります。中国古代の道教には「気」の考え方があり、気は天地をめぐり、自分の心と体をめぐるものだとの教えがありました。人間を一つの小さい宇宙ととらえると、気は流れゆくもの。どんなときでも、のどかな陽気や喜び楽しむ気持ちが必要です。「喜神」とは、神さまというより「喜ぶ心」ととらえるとよいでしょう。

また、この世には陰と陽があり、それが混じり合って世界が作られると考えます。陰陽

上機嫌でいれば人生はうまくいく

は道教の教えですが、『菜根譚』には仏教や道教など、さまざまな思想が混ざっているのです。

かつてラフカディオ・ハーンは、日本をほほえみの国と言いました。自分の不幸を話すときにも日本人はほほえんでいる。外国人から見ると違和感があるようですが、ハーンはそれを深く理解し、「日本人は自分の悲しみを、人には移さないようにしている。ほほえみは練り上げられた作法である」と解釈していました。

このように、日本人は昔からほんわりとやわらかな気を作ることに長けています。ただし、男性は四五歳を過ぎると、怒っていなくても不機嫌に見えることが多い。だから、意識して上機嫌へと気持ちを振り向けるといいと思います。

私は『上機嫌の作法』（角川ｏｎｅテーマ21）という本を書いて以来、会う人ごとに「上機嫌Tシャツ」をすすめてきました。胸元に大きく「上機嫌」と書いただけのTシャツですが、これを着ると、「上機嫌でいようかな」という気持ちになれます。実際、私が講演に行った栃木県の教職員組合の人たちは、Tシャツを作ってくれて嬉しくなりました。

天気が悪いとき、私たちは思います。

「雨だったら嫌だなあ」

「雪が降るのに出かけたくないなあ」

天気は操作できないし、いろいろな天気があったほうが、バランスがとれます。それと同じように、心も重かったり軽かったりすることでバランスがとれます。とはいえ、基本的に人前では、ほほえみをたたえていたほうがいい。穏やかで上機嫌な状態を「作法」として作ろうではないか、と思うのです。

本当は悲しくても、ほほえみという作法を身につけ、悲しさをバーンと前面に出さなければ、場がやわらかな気で整います。その心が偽物かというと、偽物と糾弾するほどのことではありません。ほほえみをたたえていれば心が落ち着くので、偽の感情ではないのです。人と一緒にいるときは、心を整えてから表に出す。これが成熟するということであり、大人の作法でしょう。

◎齋藤孝の「バランスの極意」

心の中に喜びの神がいると思って、毎日笑おう。

それぞれの場所のルールで生きる

以《もっ》て事に応じ物に接せば、身心何等《なんら》の自在ぞ。（後集62）

――それぞれの状況で柔軟に対応するならば、なんと身も心も自由自在であることか。

自分の居場所を確保する

いにしえの名僧が「月の光が池の水を突き破っているように見えているが、水は実は変わらないのだ」と語っています。物事は表面では変化しているけれど、水面下の層は変わりがない。変化が映っているだけで、本当のところは変わっていないという意味です。

小学校や中学校の同窓会に行くと、かつての同級生たちに会った瞬間は「え？ こんなに変わってしまったの」と思いますが、話しているうちに全然変わっていないことに気づきます。もちろん、変わる人もいるのですが、そういう人の中にも変わらない本質がある。

経済力のようなものは人を変えるかもしれませんが、それは月の光のようなもの。もっと変わらない生命としての私たちが、水と言ってよいでしょう。私たちの根本的なDNAや気質は、経済状況などでは決して変わりません。声の高さも振る舞いも、肝心なところは何も変わらないのです。

私は、家族というのは野性がぶつかり合う場所だと思っています。外に行けば、その人が持っている野性を多少は隠すことができますが、家に戻ってくると開放されます。そう考えると、家は落ち着く場所でありながら、実は一番野獣性が発揮されてしまうところでもある。だから、若い人たちは結婚するのが面倒になるのかもしれません。

野性のぶつかり合いは一種の本質ですが、気分の波があったりケンカをしたりすることは移りゆく影です。そして、家族を形成している生活の流れが水となっている。ケンカをしても、気まずくても、最後は家に戻る。成功しても失敗しても帰るしかありません。そして、本当に困ったときは居場所があるだけでもいいと思う。そのような場が営まれているのはとても大事で、心地よいものです。

会社の基準を自分の内側の基準に

会社も同じことです。水の流れは激しいかもしれませんが、そこに体をゆだねていると静かになっていきます。

会社によってルールやルーティンは違います。中には違和感を抱くことがあるかもしれませんが、その会社で生きていくと決めたなら、会社のスタンダードを自分の内側の基準に変えていくことが必要でしょう。会社の言いなりになる人を指す悪い言い方に「社畜」という言葉がありますが、逆に私は、会社の基準を自分の内的スタンダードにできていないほうが問題だと思います。

実は、そのような人と仕事をして困った経験があるからです。その人と一緒に仕事をして一冊の本を書いたのに、社内の了解が得られていませんでした。書き終えたあと「まだ企画が通っていません」と言われ、私は驚愕しました。原稿は宙ぶらりんになってしまいました。

結局、めぐりめぐって他の出版社から出すことができ、事なきを得ました。ある編集者にこの話をしたとき「会社のスタンダードを自分の内的スタンダードとして形成できていなかったのでしょう」と言われ、なるほどと思いました。

段取りの問題もありますが、それ以前に会社の当たり前のルールが自分の中に育っていなかった。それを外部の人間にさらしてしまうと、トラブルになります。その人は会社の流れの中に身を任せきっておらず、自分の基準で動いていたのです。しかし、会社は集団で動いているものですし、外に出るときには「会社の顔」として出ていく必要があります。

私も学生が教育実習などで不始末をすれば、謝りに行くことがあります。なぜ知らない人にここまで謝らなければならないのかと思うときもありますが、立場上、学生の責任を

家庭
↓
野性のぶつかり合い
↓
戻る場所

会社
↓
“会社”の基準と“自分”の内側の基準を合わせる
↓
会社の顔

その場に応じた立ち振る舞いが身を助ける

負うためです。組織の中では、それぞれの人がそれぞれの立場で生きています。立場の中に身をひたせば、かえって覚悟が決まって身心自在になっていきます。

◎齋藤孝の「バランスの極意」

自分の所属する組織のルールを、自分の内側にしっかり育てよう。

分かち合いの精神で

己の心を味《くら》まさず。人の情を尽《つ》くさず、物の力を竭《つ》くさず。（前集183）

――自分自身の心を物欲で曇らせてしまうことなく、他人に対する愛情もなくすようなことはせず、人民の財産をみだりに取り尽くさない。

物欲に振り回されない

この三つを心がけていれば、「天地に対して本当の心を確立し、万民に対して生活を安定させ、子孫に対して福を作る」ことができる、と続きます。

物やお金というものは、死ぬときに持っていけるわけではありません。子孫に残したとしてもしれていますし、それに、多額のお金を子孫に残しても、子孫自ら働かなければ人生に意味はない。そう考えると、自分の心を欲で濁らせないよう、自分の心をスッキリさせておくことがとても大切です。

そして、人に対する愛情は尽きないようにすること。物を取り尽くさず、欲張りすぎないようにすること。

世の中には、欲望が限度を超えていく人がいます。金の延べ棒を家の床下に隠していた金丸信のような人もいます。正当に働いて資産を増やしたのならよいのですが、そういう事件に触れると、そこまでやる必要があったのかと思わされます。

かつて、先進諸国が世界中の植民地でプランテーションを行い、単一栽培をさせた時代がありました。搾取して取り尽くしてしまうのです。コーヒー園を造ったとしても、そこに暮らす人はコーヒーだけでは食べていけません。それを作ることで、何かまた別の食べものを得なければならない。お金が必要になり、支配されることになります。

それに対し、インドのマハトマ・ガンディーは「支配されるのではなく、自分たちのものを作っていかなくてはいけない」と言い続けました。手織りの機械を使うガンディーの姿が写真に残っていますが、「機械式ではイギリスに頼ることになる。そうではなく、自分たちの昔ながらの生活形態を大切にしよう」と言ったのです。

英語についても、ガンディーは懐疑的でした。「英語というのは道具なので、できなくてもいい。それよりも自分たちの言葉を忘れてはいけない。英語が得意なインド人が、むしろインド人を搾取しているのではないか」と語っています。

「自分たちの本当の言語を大切にし、生活習慣を大切にし、イギリスの文明を受け入れる必要はない」「真の独立とは、何もかもを取り尽くすような植民地の帝国主義からの独立である」と。これらの話は『真の独立への道』（M．K．ガーンディー、田中敏雄訳、岩波文庫）で説いているので、ぜひ読んでほしいと思います。

国も人もお互い win-win の関係で

国と国との関係は、互いに win-win の関係でやっていかなくてはなりません。取り尽くしてしまう関係は、人と人、国と国の間柄をよくないものにします。大事なのは交渉術です。互いに利益を考え合って、どこのポイントなら win-win の関係になるかを話し合うスタンスが重要だと思います。やりすぎないことによって、福を招くのです。

ワークシェアの考え方も、その一つでしょう。いまは利益が一つの場所に集中する傾向があります。『世界の99％を貧困にする経済』（ジョセフ・E・スティグリッツ、楡井浩一・峯村利哉訳、徳間書店）というタイトルの本も出ていますが、現代はそのような経済モデルができてしまい、これが進行し続けています。

いろいろな人が関われるワークシェアの発想に切り替えると、たくさんの人に蜜が行き渡ります。お金持ちであることは悪いことではありませんが、お金持ちはお金を使うといいのです。さまざまな形で使うことで、世の中にお金が回るようになる。使わないで貯め込んでいる姿勢が、日本を疲弊させています。

以前は、本を一冊売るのでも、いろいろな人が潤う仕組みができていました。いまは卸

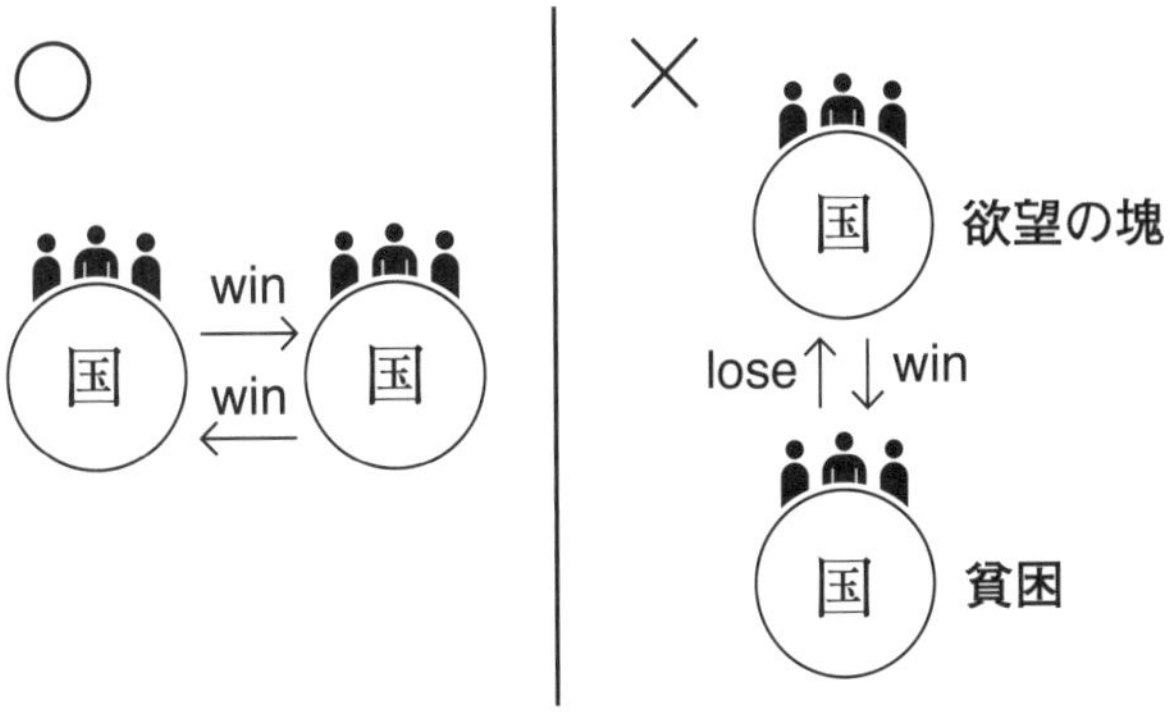

国も人も win-win の関係を目指そう

や流通を飛ばして消費が行われるようになり、仕事を失う人が続出しています。人が関わっていた部分を飛ばすと、値段が安くはなりますが、間で仕事をしていた人が食べられなくなります。時代の流れではありますが、いろいろな人が関われるバランスのよい経済を、と思います。

◎齋藤孝の「バランスの極意」

もらいものも仕事も「分かち合い」で。

一生をかけて石を穿つ

水滴に石も穿《うが》たる。道を得《う》る者は一《ひと》えに天機に任す。（後集109）

——水の滴《したた》りによって石も穴をあけられる。道を得ようとする人は、ひたすら天の自然なはたらきに任せておればよい。

人事を尽くして天命を待つ

長年の水の滴りで、石に穴があくことがあります。微々たる力を積み重ねていけば、大きな仕事になるのだという心持ちが大切です。

いまの時代、「一生かけて石を穿つのだ」という覚悟で、地道に仕事を積み重ねている人は少ないかもしれません。しかし、そのような覚悟を持てば、自然に「天の働きに任せればよい」という気持ちになると書かれています。

「人事を尽くして天命を待つ」と言いますが、自分のやるべきことは、水滴が石を穿つように淡々とやっていく。あとは天に任せる覚悟ができると、ささやかな仕事であってもそ

「地道な努力→道を得る→天の計らいに任せる」
仕事を全うするためのスタンダード

れを全うできるということです。

警察官や消防士は、いつ危険な場面に遭遇するかわかりません。毎日、そのような仕事をしている人によって、私たちの安全は守られています。最近は警察官の不祥事が増えて批判されていますが、彼らがいなくなると社会は大変なことになってしまいます。

交番で毎日立っている人はのんきそうに見えますが、強盗事件があったり、刃物を持った人が現れたら、真っ先に駆けつけなければなりません。街角で道順を教えていても、次の瞬間には事件の現場に立ち合うことがある。どう考えても、我々ふつうの人間には、そんなことはできません。

ある刑事さんに「危ない目に遭ったことはありますか？」と聞いたことがあります。「私も刺されたことがありますよ。刑事だったら、やっぱりありますと平気な顔をして語っていました。彼らは自分の体を盾にしても、市民を守らなければいけないと教えられている。そういう人がいるからこそ、私たちの日常生活は守られているのだと感謝しました。

いつ、どこで、大変な目に遭うかもしれない人生を歩んでいる、彼らの地道さを思います。これこそ「水滴石を穿つ」ということでしょう。四文字熟語にしてみると「水滴石《すいてきせき》穿《せん》」。いい言葉です。

また、「天機に任す」という言葉は、気持ちの働きを表現していて、軽やかに聞こえます。道を得た人は、最後は天の計らいに任せる。これは四文字熟語で「一任天機《いちにんてんき》」と表現できます。「水滴石穿」と「一任天機」。セットで覚えるとよいと思います。

◎齋藤孝の「バランスの極意」

どんな地道な仕事でも、水滴が石を穿つようにやり抜こう。

静かすぎず、動きすぎない

静中《せいちゅう》の静は真《まこと》の静に非《あら》ず。楽処《らくしょ》の楽は真の楽に非ず。（前集89）

——静かな環境の中で心を静かに保つことができたとしても、それは本当の静かな心ではない。安楽な環境の中で心の楽しみが感じられたとしても、それは本当の楽しみではない。

気質ではなく経験で乗り越える

静けさの中の静けさは、本物ではない。動の中に静が得られたら、それこそが本物である、と書かれています。また、「楽しい」「楽だ」という気持ちも、苦しい環境の中にある楽こそが、本物だというのです。

楽なときに楽というのは、ふつうの状態です。しかし、逆境になったときに楽しめる人がいるとすれば、なかなかの達人です。動きがある中で静かな心を保ち、苦しい環境においても楽な心を保つことができたら無敵です。これが「心を整える」ということでしょう。

整った心を実現するのは、一つは慣れでしょう。気質ではなく、経験値で乗り越えていく。経験値が上がると、人からは苦しいと見える状況でも、さして苦しいとは思わなくなります。

私が「苦中の楽」について開眼したのは、足裏マッサージでした。つまらないことで申し訳ないのですが、人生はどこから真理を得るかわかりません。二〇歳くらいから身体について学んでいたので、足裏が健康に重要だということは感じていました。それから二〇年ほどしてようやく足裏マッサージが流行したのです。ようやくこんな時代が来たと思い、さっそく行ってみました。

ところが、いざマッサージしてもらうと、痛くて痛くて「イテテテ！」と悲鳴を上げるほどでした。マッサージ師さんに「もっと優しく」と言っても痛い。痛すぎるので、しばらく行くのをやめました。

ところが、「イテテテ」の中にも「これは効きそう」という感じが残りました。痛いけれど、どこか少し気持ちいいのです。それからまた行ってみると、だんだん痛みに強くなっていきました。いまや相当な強さでマッサージされても、耐える自分がいる。そればかりか、痛みがあるほうがむしろいいと思っている。優しすぎるマッサージでは効かないのです。痛みさえも慣れることに気づきました。

マッサージの最中は、リラックスして息を吐き、痛みを受け止めます。文字通り「苦中

「定雲止水」の境地を目指そう

に楽あり」を体感できます。これが癖になっていくと、脳が安らぐようになる。脳内を調べたわけではないのでわかりませんが、痛くても気持ちよさを感じる物質が出ている気がします。

以上が私の「苦中の楽」ですが、登山を趣味にしている人も「苦中の楽」を求めているのだと思います。どう考えても、登山は楽ではありません。高齢者の方もみなさんよくなさるなと思いますが、よい景色が見えるのもあるし、登っている最中も気持ちよい瞬間があるのでしょう。そして、癖になるとまた登りたくなってくる。プロの登山家もおそらく同じです。辛いほど、面白いのでしょう。

人間は元々そういうところがあって、パズルやゲームでもだんだん難しいものにチャレンジしたくなります。やっているときは辛くて苦しいのですが、そのほうが楽しくなるのです。

福沢諭吉も『福翁自伝』（岩波文庫）の中で、難しいオランダ語を読み解く喜びを語っています。「ただ六《むつ》かしければ面白い、苦中有楽《くちゅううらく》、苦即楽《くそくらく》という境遇であったと思われる。たとえばこの薬は何に利《き》くか知らぬけれども、自分たちより外にこんな苦い薬を能く呑む者はなかろうという見識で、病の在るところも問わずに、ただ苦ければもっと呑んでやるというくらいの血気であったに違いはない」。苦中の楽そのものです。

目指すのは「穏やかな心」

「動中の静、静中の動」についても考えてみましょう。活動的な生き方を好む人は、動きすぎる場合があります。また、静寂を愛する人は、枯れてしまった木のように静かすぎることがある。どちらか極端ではなく、静かな水の中を魚がスーッと泳いだり、動かない雲の中を舞い上がっていく鳶《とび》のようなイメージを持つといいでしょう。いつも心はそのようにありたいものです。

イメージはとても大切です。「どんな心の状態でいたいか？」と聞かれて、**「定雲止水の中《うち》に、鳶飛び魚躍る」**と言えるとカッコいい。これは『菜根譚』の別の項にある教えです。基本は静かだけれど、その中に魚が泳ぐような、鳶が飛ぶような心を持つ。静かすぎるのではなく、動きすぎるのでもない、バランス感覚を持つということです。

静かすぎる人は二分《ぶ》か三分の動きを、動きすぎる人は二分か三分の静けさを取り入れていくのが、バランス感覚のある生き方のコツです。「定雲止水の中に、鳶飛び魚躍る」境地を目指しましょう。

人付き合いが苦手な人は、ヤクルトを購入してヤクルトレディーと話をするとか、散歩がてらなじみの店に行って話をするなど、静かな生活の中にも話し相手を持つことです。また、犬や猫を飼うというのも一つの手です。犬や猫は必ず動いています。静かな生活の中でも動きのバランスを入れていく。これが、『菜根譚』の本質的なメッセージです。

◎齋藤孝の「バランスの極意」

静かすぎる人は二分か三分の動きを、動きすぎる人は二分か三分の静けさを意識しよう。

即断即決はしない

喜びに乗じて諾《だく》を軽くすべからず。酔いに因《よ》りて嗔《いかり》を生ずべからず。快《かい》に乗じて事《こと》多くすべからず。（前集214）

——何か喜ばしいことがあるからといって、それに乗って軽はずみな承諾を与えてはいけない。酒の酔いにまかせてむやみに怒ってはいけない。物事が順調にいっているからといって、やたらとやることを広げてはいけない。

場数を踏む

軽はずみな承諾は、私も衝動買いをして後悔した経験があります。大きな買い物は「これはいい」と思っても、いったん考えて一日二日の冷却期間を置いてから、それでもほしいか考える必要があります。

恋愛期間がもつのは三年などと言われますが、はじめの三ヶ月くらいで大きな盛り上がりがあります。その期間中にワッと結婚を決めてしまうケースがありますが、出会い頭の

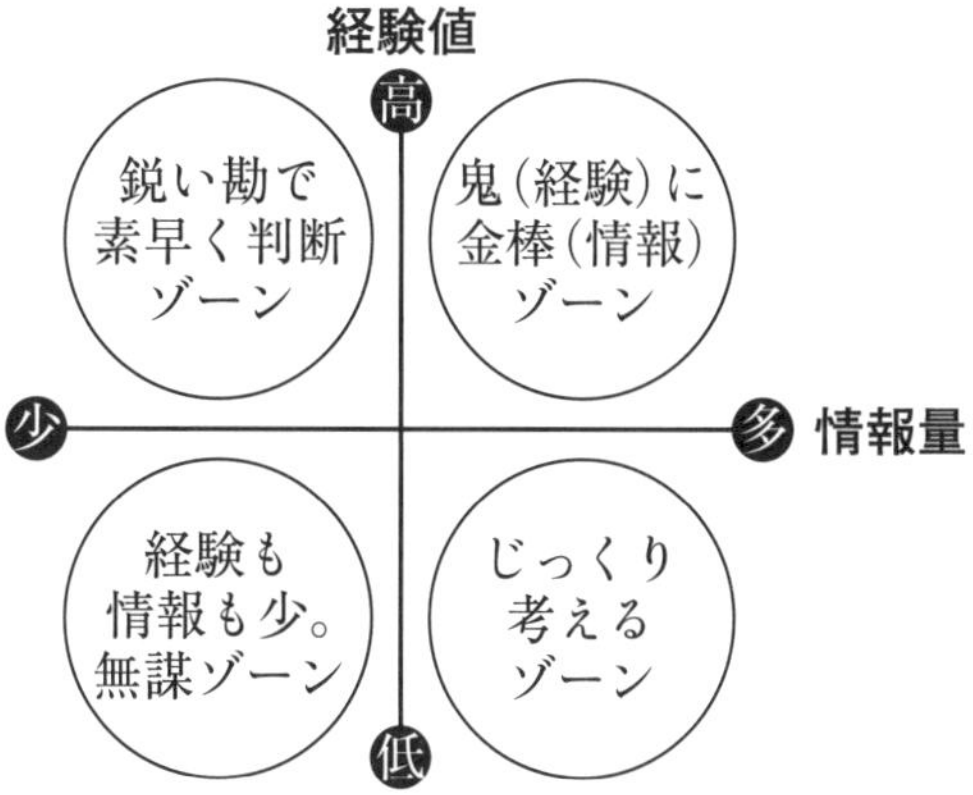

決断の速さは経験値と情報量に比例する

ような結婚は、失敗に至ることもあります。一番盛り上がっているときに、軽く「諾」をしてしまうと、ミスが出てくる危険があるのです。

パッとすぐに結論を出しても失敗が少ないのは、経験値が高い人です。人生経験が豊富な人の直感は、精度が高い。たとえば経営者は判断までのスピードが大事です。相手と話しているうちに「じゃあ、君に任せよう」と判断し、話をまとめてしまう。これは経験値が高い上に、立場上自分で責任をとることもできるからです。

弁護士さんなどに話を聞くと「承諾してしまうと、あとで大変なことになる。意思決定のところでは保留しておかないと、自分の立場が悪くなりますよ」とよく言われます。何事も「過ぎたるは及ばざるがごとし」で、多すぎるよりは少なめに意思決定をするといい。

経験値を上げる

ただし、タイミングの見きわめが必要なときがあります。「早くしないと物件が売れてしまう」という場面では、経験がものを言います。「もう出ませんよ」と言われて手をつけたのに、あとからそれよりもよいものがどんどん出てきた、ということもあります。特に不動産は、数を見る経験が大事です。

私も不動産の買い物では、一度失敗して解約金に高いお金を払ったことがあります。完全に選択を間違え、自分が住むべきではない場所に買おうとしていました。実は「そこは、あまりよくないよ」と言ってくれた知人がいました。しかし、当時は自分の気持ちが盛り上がっていて「ここに決めた！」と浮かれていたのです。落ち着いて考えたところ、違うことに気づきました。もう少し経験値があれば失敗はなかったかもしれませんが、全額払う前に踏みとどまることができてよかったと思っています。

私の周りの人たちも、大画面テレビを買ったら大きすぎたとか、マッサージチェアを買ったら家が狭くなったとか、そういうことの連続です。少し大きな買い物は、早まらず熟慮するほうがいいでしょう。

「快に乗じて事多くすべからず」とは、調子に乗っているといろいろなことをしすぎてしまうということ。調子のよいときほどシンプルに、自分の経験値があることをやるほうがいいのです。

慣れてくると、即決しても間違いは少なくなります。判断のスピードと間違いの少なさは経験によるもの。そこまで到達するには、情報収集を重ねなければなりません。いまの時代、買物はネットで情報収集できます。いろいろなレビューを見て、参考にすればいいのです。私は本を一冊買うにも、レビューをよく見ます。ずいぶん精度が上がりましたが、それでも失敗がよくあります。本屋さんに行って実際に手に取れば、まず選択を間違わない。現物に触れるのは、やはり大事です。

◎齋藤孝の「バランスの極意」

大きな買い物はリサーチを入念に。衝動買いはやめよう。

冷静さには緩急が必要

閒時《かんじ》には喫緊《きっきん》の心思《しんし》あるを要し、忙処《ぼうしょ》には悠間《ゆうかん》の趣味あるを要す。

（前集8）

――閑《ひま》なときにも差し迫ったときの心構えが必要であるし、また忙しいときにも、ゆったりとした閑なときの心のゆとりが必要である。

忙しいときほど呼吸をゆるやかに

人生というのは、閑なときも忙しいときもあります。私自身は忙しいときほど呼吸をゆっくりすることを心がけています。

息を吸って「ふーーー」と長くゆるやかに吐き続けると、忙しさの高速回転をゆるめることができるからです。実際、忙しさにまぎれてあたふたしていると、自分の息も上がって慌ただしくなり、次から次に予定を詰め込んで判断力を失い、ついにはバタッと倒れる……。こういうことになりがちです。

私自身、「忙中の忙」という経験をしたことがあります。忙しさの極みの中で、気づいたら目の前がクラクラしていました。四〇代前半でしたが、一日十個も仕事を詰め込んでいたのです。それぞれに一時間以上かかるというのに、仕事をセーブできませんでした。このままでは死んでしまう。自分の身を守らなければと、倒れてようやく気づきました。それ以来、忙しいときほどゆったりするように心がけています。手帳に次々予定を書き込むのをやめ、「ここは一時間半は仕事を入れない」など、休み時間を作ります。一週間の中で気を抜く時間を見つけて、その部分を緑色のペンで囲み、浸食されないようにします。緑の時間には「映画を見に行く」「マッサージを受ける」など、自分のための時間を確保するのです。

また、私もやっているのですが、携帯電話の待ち受け画面に、かわいい犬やペットの写真を入れておくのも効果的です。実は、こんな実験データがあります。広島大学の入戸野《につとの》宏《ひろし》准教授らの研究グループが、一三〇人の大学生に子犬や子猫の写真を見せました。その直後に注意力が必要な作業をさせたら、正確性が四四%も高まったというのです。「かわいい!」という感情には、それほどの力がある。携帯電話の待ち受け画面に孫の写真や子猫の写真を入れている人がいますが、それは大正解です。忙しいときほど見ると心がやすらぐし、作業効率も上がります。手許において、たびたび眺めるといいでしょう。

閑なときには入念な準備を

逆に、閑なときには「差し迫ったときの心構え」が必要です。

武道では、対決の最中は忙しいのですが、そんなときでもゆったりと構えた心でいることが必要でした。臍下丹田《せいかたんでん》を意識して呼吸をすると、戦いの真っただ中でも落ち着いた気持ちを保つことができる。剣術などでは、それが訓練となっています。

閑なときこそ、心の準備が大切です。「いざ鎌倉」で有名な『鉢の木物語』は、まさにそういう話です。私は小学校のとき指名され、校内放送でこの話を読んだことがあります。当時の担任だった今村先生は、ふらふらしてお調子者だった私に、「いざというときにはやるのだよ」と教えようとしたのでしょう。

この話は、鎌倉幕府の五代執権北条時頼が、旅に出て大雪に見舞われ、とある荒れ果てた家に泊めてもらうシーンから始まります。薪さえなく、家主はいろりに鉢植えの木をくべてもてなします。家の主は佐野源左衛門常世。「無実の罪をきせられいまは落ちぶれているが、自分は武士としての心は忘れていない」と語ります。そして「幕府に一大事が起こったときは、ただちに鎌倉へ馳せ参じる覚悟だ」と言うのです。常世は客人が時頼であるとは夢にも思いませんでしたが、後にその言葉にたがわず真っ先に鎌倉へと馳せ参じ、時頼と再会するのです。

閑なときでも、いざというときの準備をし、覚悟を決めておくのが武士のたしなみでし

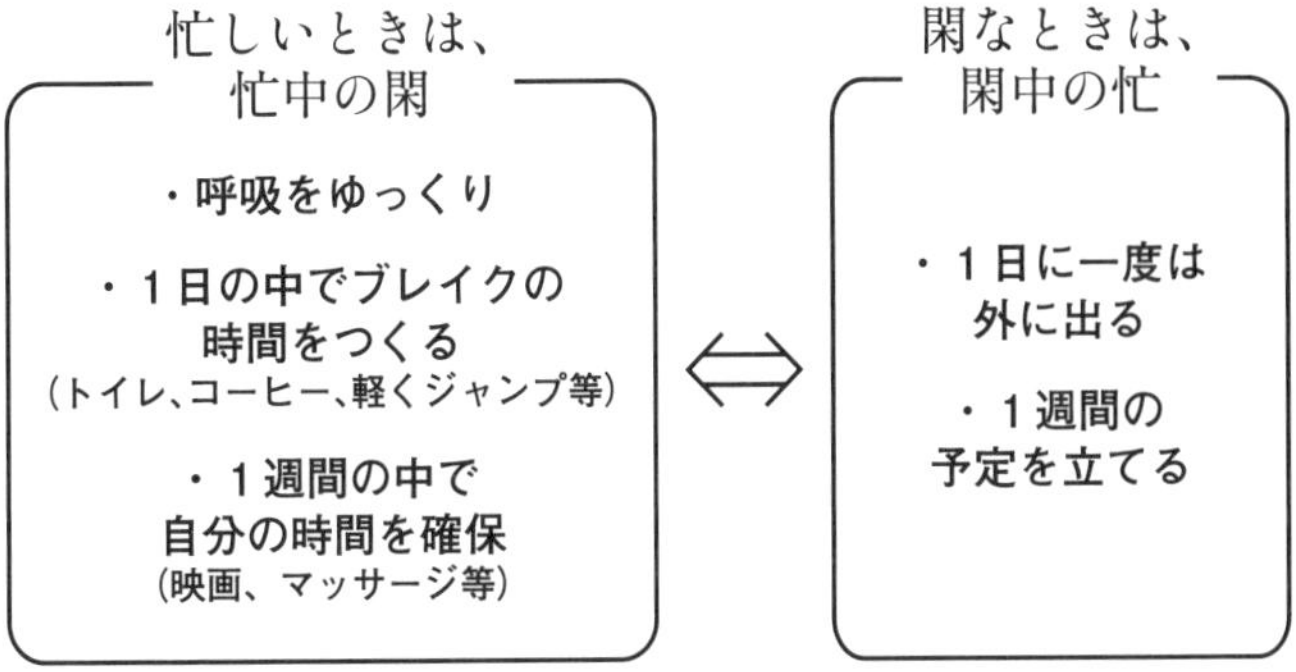

健やかな心身のためにはメリハリある生活を！

た。究極的には、「いま死んでも大丈夫」と思えること。そのための訓練こそが、武士の生き方だったのです。

　いまの時代は武士のような緊張感はないにせよ、何かあったときのため、心の準備をしておくことが大切です。

　私自身は、長期の休みが苦手です。なぜなら、長く休むと体調が崩れてしまうからです。「さあ休みだ！」と思った瞬間に風邪をひく。そして休みの間中寝て過ごすという経験も少なくありません。体というのは、油断するとすぐにゆるんで免疫力が下がり、菌に負けてしまうことがわかったので、油断させない方針に切り替えました。

　去年の夏休みも、ちょろちょろ仕事を入れながら、長い休暇は取りませんでした。それでくたびれたかというと、体調を崩していないので問題はありません。考えてみれば、昔の人は盆と正月しか休まなかった。その生活は、体調管理がしやすかったのではないかと思います。もちろん、週に一度は休むほうがよいのですが、それで調子を狂わせることはなかったわけです。

もしあなたが、会社をリタイアして、一日中閑だったとしましょう。用事がないときには、あえて手帳をつけることをおすすめします。誰かに会う、おいしいものを食べに行く、どこまで散歩に行くなど、やりたいことを書き込みながら一週間を構成するのです。そして一日一回は外に出る計画を立てましょう。閑中の忙で、生活にしまりが出てきます。

◎齋藤孝の「バランスの極意」

忙しいときほどゆっくりと、閑なときほどいざというとき動ける準備を。

状況に応じて柔軟に、堅実に

治世《ちせい》に処《お》りては、宜《よろ》しく方《ほう》なるべく、乱世に処りては、宜しく円なるべし。（前集51）

——よく治まった世の中で生きていくときには、身をきちんと正しく保ち、乱れた世の中で生きていくときには、角ばらずに万事よろしきに従うのがよい。

世の中が求めていることをキャッチする

「方」とは正方形で、規格通りの四角ばった生き方のこと。「円」とは、四角ばらない自由自在に変化する生き方のことです。

天下国家を論じながら生きるというのは、人生の要素として必要なものだと思います。かつて、明治時代の書生たちは、天下国家を大いに語っていました。バブル経済に踊った時代は、まったくそういうことを語らなかった日本人も、いままた社会や国を考えなければいけないという空気が生まれています。

政治に無関心でいられた時代は、思えば平和な時期でした。一億総中流化と呼ばれた時代は、「中流が当たり前」という雰囲気がありました。しかし、総中流社会が崩れ、日本という船が危ういということを、誰もが感じています。

日本が一九七〇年代に達成した総中流社会は、世界史上でもまれな奇跡でした。世界を見れば、共産主義や社会主義の国家が平等を標榜していたのに、まったく実現できていませんでした。それなのに、資本主義の日本がなぜか社会主義や共産主義が目指した平等、しかも豊かで平等な社会を作り上げることができたのです。それはまさに「治世」だったと思います。この時代は、きっちりやる「方」、つまり四角方式で基本的には通用しました。

しかし、いまは終身雇用が崩れ、成果主義が取り入れられ、「格差社会」と言われるようになって、幸福感が目に見えて減っています。終身雇用と共に年功序列も崩れ、安定してきっちりやっていればいいという日本のよさは消えかかっています。会社がどんどんつぶれ、リストラも当たり前のことになり、雇用に関しては乱世そのものです。かつては誰かを解雇することによって裁判が起きていましたが、いまでは解雇は当たり前になってしまいました。

このような乱世においては「円」であることが求められます。角ばらず万事よろしきに従い、柔軟に変化して対応すること。

気候の変動が激しくなってきたときの生物と同じで、環境に適応して変化していかなけ

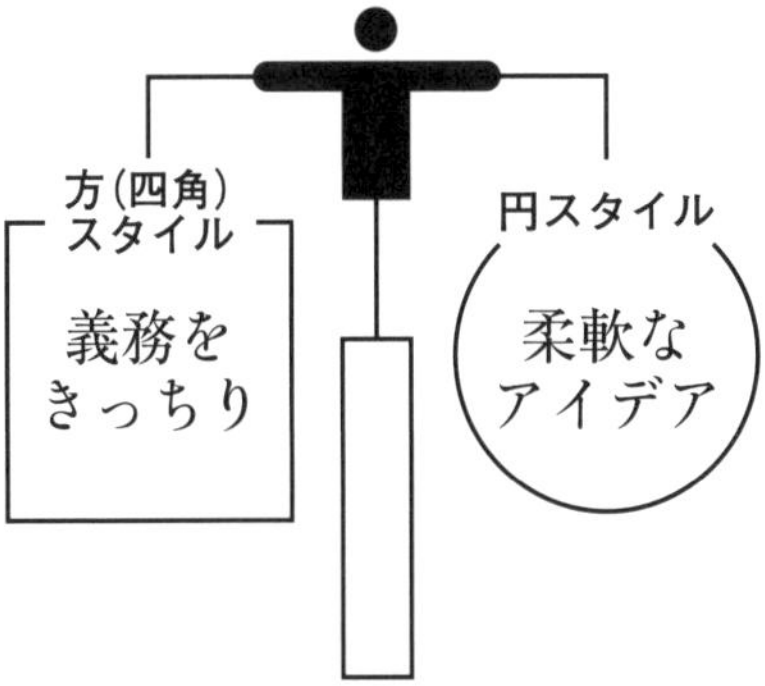

方（四角）と円を臨機応変に使い分ける＝仕事ができる人

れば生き残ることはできません。好き嫌いを言ってないで、さっさと変わらなければいけない。たとえば、若い人の中に「パソコンが苦手」と言っている人がいます。年配の人が言うならわかりますが、いまの時代を生きていくのに「パソコンが苦手」は通用しません。好き嫌いではなく、世の中が求めていることに対して、常に柔軟に対応していかなければダメなのです。

緊張感を持って臨機応変に

日本も、時代に柔軟に対応してきたからこそ、いまがあります。ただし、成功してしまった国というのは、いままでの成功に寄りかかりすぎて変更しづらい。「円」になりきれないのです。日本社会は、護送船団方式のように守られてきた部分があります。大企業も金融も製造業の世界も成功して「これくらいでいい」と思っているところに、世界の荒波がどーんと押し寄せている。どうしても変わりづらく厳しい側面はありますが、緊張感を持って「円」となり、柔軟に微調整をしながら変えていく。臨機応変な「方」と「円」の使い分けが必要でしょう。

個々の仕事の上でも、規格通りにちゃんと義務を果たしていればいいという「方」の場面と、アイデアを柔軟に出し、円滑に変えていったほうがいい「円」の場面があります。それぞれの感覚をあわせ持って組み合わせていくのが、仕事のできる人と言えます。

「方の会議」と「円の会議」というのもある気がします。決まったことを承認するだけの会議は、形式的なので型を踏んで着々と進めなければなりません。こちらは「方の会議」です。一方、トラブルが起きてアイデアを出し合って処置することがあります。緊急に集まり、どうするか話し合うのが「円の会議」です。

人は、「方」ばかりでも「円」ばかりでも落ち着きません。一人の人の中に、方と円を両方あわせ持つことが大切です。

◎齋藤孝の「バランスの極意」

終身雇用が崩れ、成果主義となったいまの時代は乱世。変化に柔軟に対応しよう。

考え抜いて行動すれば後悔と不安は消える

一苦一楽《いっくいちらく》。一疑一信《いちぎいっしん》。（前集75）
——苦しんだり楽しんだりして磨き合う。疑ったり信じたりして考え抜く。

苦と楽の繰り返しこそが「福」

原文はもっと長いのですが、この際、わかりやすく「一苦一楽」と「一疑一信」を取り出し、四文字熟語にしてみました。

「一苦一楽」とは、苦しさと楽しさが繰り返されること。苦と楽が磨き合い、磨きが極まって福をなしたら、その福はずっと続くという意味です。いい言葉です。

苦しいことのあとに楽しいことがあると、一層楽しく感じます。しかし、楽しいなあと思っているうちに、また辛いことが起きる。そのとき、楽しいことと苦しいことは磨き合わされるのです。

あんなに苦しかったのに、今度は楽しい。楽しいと思っていると、また苦しい。これが人生です。不安定だと思ってはなりません。苦と楽がせめぎ合うから、人の心は成熟し、練られていきます。そうなると、辛いことが起きたときにも「前にもこういうことがあったな」と受け止められるのです。

女性にふられたとき、最初は立ち直れないほどショックかもしれませんが、一度ふられたことがあれば、二度目のショックは少なくなります。三度目にもなると「あるある」という気持ちで受け止められるでしょう。

週刊誌の連載が、急に打ち切りになると初めて告げられたとき、私は「ええっ!?」と、ものすごい衝撃を受けました。「それほど悪くないと思ってたのに……」などと悶々としました。しかし、編集部にはさまざまな事情があります。そういうものだとわかってからは「ああそうですか」と受け流すことができるようになりました。季節がめぐるように、始まりがあり、終わりがあることを受け入れられるのです。これが「練れてきた」ということでしょう。

仕事が少なくなればなったで「体にいい」と思い、増えたら増えたで「嬉しい」と思う。このようにして福を感じ始めると、多少嫌なことがあっても、ジェットコースターのような激しい感情の揺れはなくなります。「楽しいから福」なのではなく、この繰り返しが極まっていく状況が福なのです。

味で言うと、「あまから」みたいなものでしょう。あまからく、バランスよく、苦味も

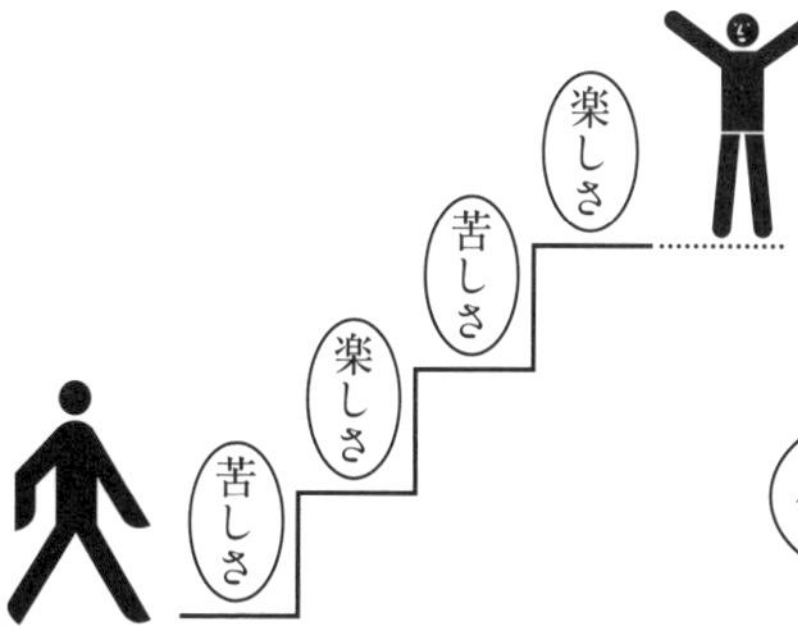

折れない心をつくる
「一苦一楽レッスン」

後悔と不安を消す
「考え抜く一疑一信レッスン」

含んだ味わいの福です。

知性は考え抜くことで磨かれる

一方、「一疑一信」とは、何かを信じ、何かを疑うことの繰り返しです。世の中は確かにそういうものかもしれません。疑っては信じ、疑っては信じて、いろいろなものを試していく。実験みたいなものと考えるとよいでしょう。

実験して考え抜くと、そこには知性がにじみ出てきます。疑うことと信じることを交互に繰り返し、練られていくのが本物の知性です。最初からすべてを信じ込み、疑うことをしない人は、本物にはなりません。しかし、すべてを疑って不信感を抱くのも、本物ではありません。あらゆることを考え抜き、考えを練りなさい、と書かれています。

ここで思い出すのは、フランスの哲学者、ルネ・デカルトです。「我思う、ゆえに我あり」と言ったのはデカルトですが、彼の考えは『方法序説』（岩波文庫）という著書で端的に知ることができます。薄い本なので、ぜひ読んでください。得るものが非常に多い、わかりやすい本です。

その中で彼が言っているのは「いろいろなことを、とりあえず疑ってみた」ということです。「疑って、疑って、疑ってみたとき、疑い続ける自分というのは確かなものであると気づいた」というのです。「限界まで考え抜くのがいい。この方法で、私は不安と後悔から一切脱却した」と言っています。これぞ、一疑一信です。

とにかく考え抜き、これだと決めたら実行する。考え抜けば、多少間違っていたとしても「自分は考え抜いた」という自信が、後悔と不安を消してくれます。だから、一度考え抜きなさい、ということなのです。

◎齋藤孝の「バランスの極意」

迷ったときは、考えて、考え抜いてから結論を出そう。

足るを知り、人情を育む

茶は精《せい》を求めざるも、壺亦燥《またかわ》かず。
酒は冽《れつ》を求めざるも、罇《そん》亦空《むな》しからず。（後集133）

――お茶は極上の品でなくともよいが、茶つぼにはいつもお茶が絶えないようにしておく。酒は芳醇な極上の酒でなくともよいが、酒がめにはいつもお酒が絶えないようにしておく。

ほどほどで満足する

人生というのは常に「最高、最良のもの」でなくとも、ひと通り途切れずにあればよい、という教えです。これは「足るを知る」ということ。ほどほどであれば、結構幸せに生きていけるということでしょう。

現代の日本では、高級レストランでなくてもおいしいものが食べられます。日本全体の生活レベルも高く、お金を持っている人もそうでない人も、極端な差のない食生活を営んでいます。極上でなくとも、満ち足りて回転しているいまの生活を大事にすればよいのです。

「もっともっと」と上を見ると、自分の人生に飽き足らなくなります。一時期「勝ち組、負け組」や「セレブ」という言葉が流行しましたが、日本人がこうした言葉を使うようになったことが、私は少しショックでした。

かつてはそのような言葉を口にすると、品がないと言われました。いつから日本人は、経済力で人を区切るような、浅はかな国民性を持つようになったのでしょうか。昔は、「六本木ヒルズに住めば勝ち組」などという価値観では生きていなかったはずです。昔の日本人が聞いたらどう思うでしょう。

こんな言葉を平気で使う人たちには、映画『男はつらいよ』シリーズを見てほしいと思います。このシリーズには、「勝ち組」や「負け組」や「セレブ」などの言葉は、絶対に出てきません。しかし、人として大事な価値観が、ほぼすべて入っています。映画の中にある生活は極上ではないけれど、絶え間なく人がいて、絶え間なく愛情にあふれている。お金で買えないもっと大切な何かがあります。

寅さんに学ぶ人情

このシリーズは、信じられないくらい作品数が多くあります。まさに、壺が乾かないく

寅さん

寅さんスタイルでいこう！

らい、身近にこのシリーズを置いておくといい。そうすれば、よい雰囲気の下町情緒にいつでも触れることができます。

渥美清さんという俳優は、後半生を寅さんになりきって他の顔を見せずに亡くなっていった方です。山田洋次監督も、心血を注いでこの映画を作られた。私は「日本とは何か」と聞かれたら、真っ先に『男はつらいよ』を挙げますが、この作品を年に二本ずつ作り続けた人たちの功績は偉大だと思います。

『男はつらいよ』を見続けていると、人生が軌道修正されていきます。そこにあるのは、人の心。市井の人々の生活の中で、人と人との心が通じ合う様子が丁寧に描かれます。寅さんという人が面白いので、映画には常にほがらかな笑いが満ちています。彼はいろいろな人に「よっ！　元気かっ？」「相変わらずバカか？」と声をかけ、ちょっかいを出す。あの下町情緒あふれる感覚は、最近はすっかり薄れてきましたが、人の心に必要な栄養素だと感じます。

私は、子育てをしている人にも、親子でこの映画を見てほしいと思います。映画を見れば、子どもはその世界を体験できます。お父さんお母さんは見てホッとし、子どもたちは人情を知る。ぜひ、家族みんなで見ていただきたい作品です。

◎齋藤孝の「バランスの極意」

『男はつらいよ』シリーズを、家族で見てみよう。

第二章　気持ちが楽になる心の持ち方

心を軽くスッキリと

君子の心事《しんじ》は、天青く日白く、人をして知らざらしむべからず。
（前集３）

――君子の心のありようは、青天白日のように公明正大であって、常に人にわからないことがないようにさせるべきである。

自分自身を疲れさせない

読むと気持ちが広々としてくる言葉です。私は最近「心を軽くスッキリと！」を心がけています。たとえば心の内に深い考えがあったとしても、ベールをかけて人から見えないようにしていると、自分自身でも何を隠しているのかわからなくなってくることに気づいたのです。意識して心をガラス張りにしてみると、スッキリとして「自分の考えはこの程度のものだったのか」と納得できるようになりました。

孔子は『論語』の中で「私はみんなに隠し立てしていることがあるだろうか。私は諸君

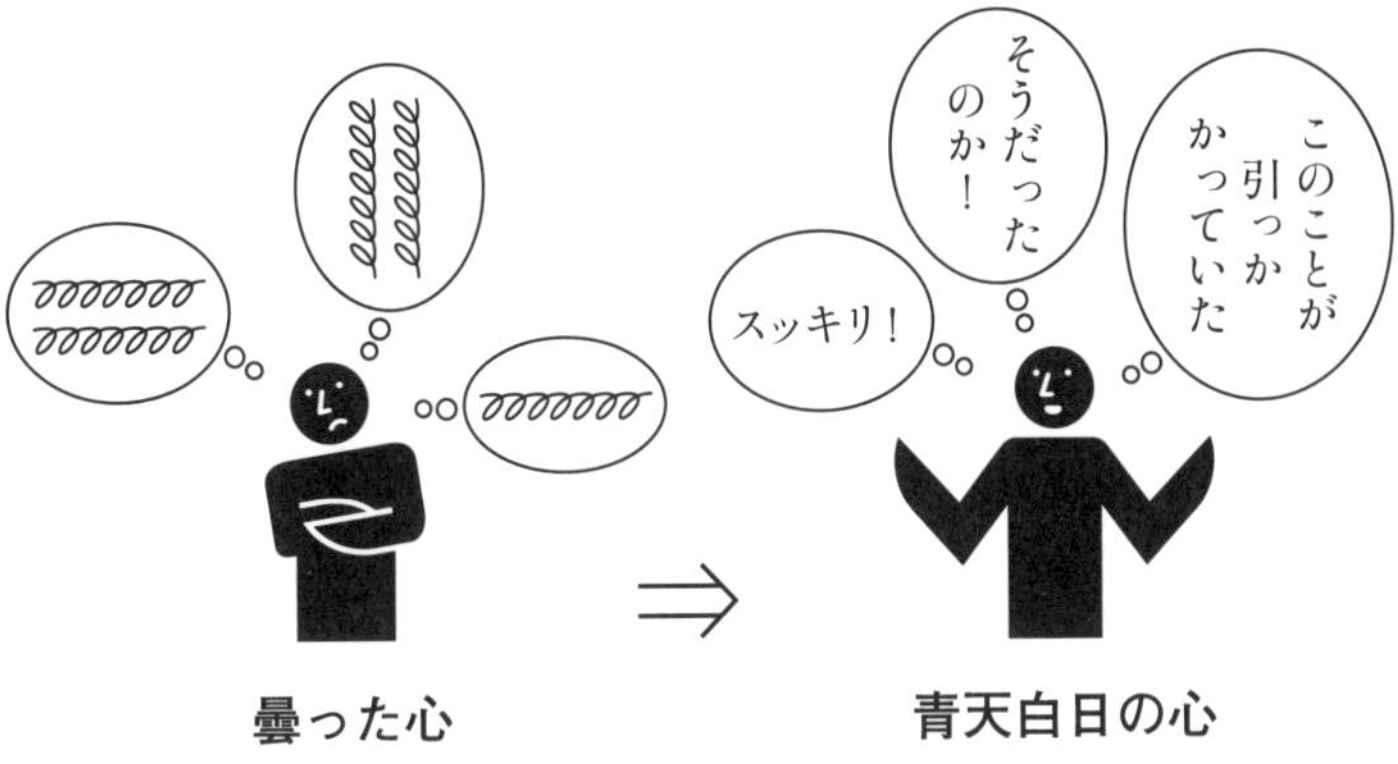

不安の正体がわかれば心が晴れる

と常に共にいる。隠すところなど一つもない」と語っています。私も学生たちとはこのように付き合いたい。厳しい意見を言うときには多少加減をしますが、そのときどきで正直に反応して生きていると心が軽くなります。

嫌なことがあったとき、愚痴は隠したほうがいいと思う人もいるでしょう。愚痴を口にすると心の傷が深くなるとか、愚痴を言うたび人間が暗くなっていく、と言う人もいます。しかし、家庭の中では愚痴を言ってもいいというのが私の考えです。

何かが心に引っかかって重いとき、私は「なんでだろう？」「なんだか変」と、言葉に出すようにしています。ああでもない、こうでもないと、言葉に出して一つずつ確認していくと、「そうか！　この会議の準備が嫌だったんだな」と思い至る。

一つならまだしも、二つ、三つと見つかることもあります。小さな気がかりでも三つくらい重なるとボディブローのように効いてきて、世の中全体が嫌になることがあるのです。しかし、「これが心に引っかかっていたのか」と気づくと、「幽霊の正体見たり枯れ尾花」という言葉もあるように、不安は少し解消します。

不安というのは、正体がわからないから不安なのです。シカゴ大学のユージン・ジェンドリン教授は、不安を見きわめるための「フォーカシング」という技法を提唱しています。

心に引っかかりがあるとき、その感覚に焦点を当ててフォーカスしていく。すると、「このもやもやした気持ちはなんだろう？　あれれ、私はこの人が好きだけれど、もしかしたら羨ましくて嫉妬心がわいているようだ」と気づくことがあります。それに気づくと、あとは楽になる。つまり、心の状態を晴れやかにしておくことは、とても大事なのです。

心を圧迫しているものが何かわかると楽になる

先日テレビのバラエティー番組で、こんなシーンがありました。ある女性芸人さんが結婚したのですが「だんなさんが自分を女として見てくれていないのではないか」と不安に思っています。悩み相談の回答者が「あなたはこれまで女の子として扱われた経験が、あまりないのでは？」と言いました。すると彼女は「きれいとかセクシーと言われる服を着るのが嫌で、避けてきた」と答えました。スポーツに打ち込んできて、いつもボーイッシュにしてきたのです。女として扱ってほしいと言いながらも、これは矛盾しています。「『私は女の子です、大切にしてください』と言ってごらんなさい」と回答者に促され、彼女は口に出して言いました。

「私は女の子です、大切にしてください」

すると、彼女の目から涙がポロポロこぼれ落ち、大泣きしたのです。そして「肩の荷が下りた気がします」と言いました。

心の中で思っていても自分自身で隠してしまうことを、フロイトは「抑圧」と呼びました。隠すと疲れてしまいますが、誰かに向かって話せると楽になります。愚痴は、自分を分析する「解明作業」と考えましょう。ジェンドリン教授が言うように「フォーカシング」をやっていると考えれば、愚痴は愚痴ではなくなります。

こうして、心の雲、心のベールを取りのぞく作業をやってみましょう。孔子も晴れ晴れとした心を持っていたのです。

◎齋藤孝の「バランスの極意」

愚痴は身近な人に話そう。話して自己分析し、心の雲を取りのぞこう。

まずは思い込みを捨てる

魔を降《くだ》すには、先《ま》ず自らの心《しん》を降せ。（前集38）

——魔性のものをやっつけようとするなら、何よりもまず自分の心にある魔性を退治することが大切である。

チャレンジしなければ道は開けない

「魔」とは、「妄想や幻影」とも置き換えられます。妄想や幻影は、誰の心にもあるもの。自分にとって難しそうな目標も、幻影の一つでしょう。

たとえば「東大に入るのは難しそう」「早稲田や慶應も無理っぽい」と思う気持ちは受験生の勉強を妨げます。恐怖心を持ってしまうと、その勉強は進みません。まずは自分の心にある「東大って、難しそう」という幻影をつぶすことが必要です。そして「東大だって大したことはない」という気持ちを積み上げ、「自分に届く範囲だ」と理解すると、恐怖心やストレスは激減します。

慣れ
⇒
チャレンジ
⇒
"できる"と前提する
⇒
恐怖心

"できない""恐い"という思い込みは"慣れること"で解決できる

私が東京大学に入学したあと、従兄弟たちが急に高学歴化していきました。兄弟のようにしょっちゅう会って遊んでいたので「孝君がやれるくらいだから、自分もがんばろう」という気持ちになったのでしょう。一人が突破すると、次々によい連鎖が続きます。

みなさんの周囲を見渡しても、そういう話はないでしょうか。親戚ができたのだから、自分もチャレンジできるのではないか。少し年上の親戚というのはあこがれもあるし、身近にいて影響を受けやすいものです。自分も行ける気がしてくると、そこでもう、魔物は消えています。多くの生徒が東大を受験する高校には、「東大、受けるのが当たり前でしょう」という空気が流れています。そこに恐怖心はありません。成功者の実例がたくさんあるので、幻影がないのです。

身近にオリンピックに出場した人がいれば、自分もオリンピックが目標になります。ふつうの人なら、オリンピックに出場するなど気が遠くなるような出来事で「絶対無理！」と思うでしょう。しかし、オリンピック選手を輩出しているスイミングスクールなどでは、オリンピックがとんでもなく高い目標ではなくなっているのです。

幻影が消えている場所では、情報を互いに教え合い、具体的に問題集や練習を積み重ねるようになっていきます。これが魔を降すということです。

私たちは、どんなことにも最初は恐怖心を持ちますが、ほとんどのことは「慣れ」で解決していきます。これは鉄則です。必要以上の恐怖心を持つと、チャレンジしなくなってしまう。ですからまずは魔を降ろし、チャレンジすることです。

恐怖心は自分の心が作り出している

女性と付き合ったことがない人は、女性に対して「魔のような理想像」を描いているものです。そして、非常に細かい理想を持っている。しかし、そんな理想的な女の子はいません。実際に付き合って、いろいろな苦難を経ていくと、理想の女性という魔物を生み出す自分の心をつぶすことができます。現実の女性を見つめられるようになるのです。

理想の女性、理想の男性、理想の会社、理想の学校……。

何でも理想を描く人がいますが、そういう思考は魔物だと私は思います。なぜなら物事を減点法で見るようになるからです。理想、理想と言う人に限って「幻滅した」という言葉を吐きます。「そんな人だとは思わなかった」などと言うのは、非常に迷惑で未熟な発想です。勝手に理想を描いて幻滅するほうが悪い。このようなとき、私は高倉健さんの言葉を思い出します。

「人に裏切られたということはない。もしあるとすれば、自分が勘違いしていただけだ」

とても大人な発言です。私たちはつい、人に期待しすぎることがあります。勝手に期待して、勝手に幻滅して、勝手に怒りだす。よくあることですが、これも自分の心が生み出した魔と言えます。

もちろん、何か行動を起こすときに、あこがれや目標を持って始めるのは悪いことではありません。しかし、それが対人間になったとき、相手に過大な要求をすることになりがちです。魔を降ろして、現実的になるほうがずっと楽です。

数学者の藤原正彦先生が、著書の中で書かれていました。

「難問を目の前にしているのに、『簡単だ』と言う数学者がいる」

なるほど面白いなあと思ったので、先生とお会いしたとき聞いてみました。数学者の中には、必ず"It's so easy."と言って問題を解き始める人がいるそうです。結局難しくて解けないことも多い。でも、"It's so easy."を口癖にしていると、難問を怖がらなくなるというのです。

「できるよ」と、まず言ってみる。「簡単だよ」と言ってから準備を始める。それくらいポジティブな気持ちを持ってよいのではないでしょうか。日本人はとても慎重で、取り越し苦労もよくあります。大学生と毎日向き合っていると、「ミスしたくない」「自分には無理」という気持ちがとても強い。彼らの中にある「できっこない」という恐怖心や、遠慮する心をつぶしていくために、私は日々戦っているようなものです。

大勢の人の前で一分間のスピーチをするのだって、慣れると簡単にできるようになります。恐怖心は自分の心の幻影が生み出すもの。心とは、幻灯機みたいなものですから。

◎齋藤孝の「バランスの極意」

難しい問題にぶち当たったとき、「簡単だよ」と口にしてみよう。

ネガティブな感情は少なく

福《さいわい》は事少《すくな》きより福なるはなく、禍《わざわい》は心多きより禍なるはなし。

（前集50）

――人生の幸福は、事件が少ないことより幸福なことはなく、また災難は気持ちが多いことより災難なことはない。

人間関係をシンプルにすると心配事は減らせる

後悔と取り越し苦労を取りのぞくためには、心の整理が大事です。私自身、部屋の整理は苦手ですが、心の整理はせざるを得なかったため、さまざまな整理術を試みてきました。

そうして気づいたのは、考えごとを減らせばいいということでした。常に多くのことを考えたくなるのですが、心配につながることはできるだけ整理する。仕事なら、心配事さえなければ複数の列車を平行して走らせられますが、そこにネガティブな感情がついてくると、重石をつけて走ることになります。気がかりなことは一つずつ処置していかなければ、どんどん疲れが加わってスピードが落ちます。

このときの一つの解決法は、人間関係をシンプルにすること。いろいろな人と、さまざまに絡み合ってしまうと、「心多く」なってもめごとも増えます。適度に厳選した人間関係の中で、禍が少ない相性のいい相手と付き合っていく。

ある年齢を超えたら、相性が合い、疲れない、ホッとする相手とだけ付き合うようにするとよいでしょう。気を使わない相手なら、年が離れていてもいい。逆に、会うとストレスになる人とは、無理して付き合わなければいいのです。

毎日会っても疲れない人もいれば、ときどき会いたい人もいるでしょう。そういうときは、赤・青・緑の三色ボールペン方式で整理してみます。赤はすごく大事、青はまあ大事、緑は面白い、といった感じです。

心が通い合っている大切な人は赤、同じ組織やグループに属している人は青、たまに会うと面白い友人は緑。こんなふうに友人関係を配置する。質の違う三者をうまくローテーションしていくといいのではないかと思います。雑誌にたとえれば、週刊誌と月刊誌と季刊誌のようなもので、それぞれに役割が違うし、テンポがずれているので心地いい。人間関係がシンプルになれば、禍のもとも少なくなります。

心労の多い人は、人間関係が複雑になりすぎていたり、会うとストレスを感じる人との関係をずるずる続けている場合があります。三色ボールペン方式を意識し、友達付き合い

会う人を三色ボールペン方式で整理すれば、
心配事やトラブルが減る

を考えてみましょう。

携帯電話を使わない時間を作る

次に、「自分の心にストレスを与えているものは何だろう?」と、一つずつ整理していきます。それらを整理して遠ざけると、生活がシンプルになり落ち着いていきます。ただ、シンプルになりすぎると、今度は寂しくなるので減らし加減は大事です。

最近は、パソコンやスマートフォンでSNSをやる人が増えています。そこでの反応が常に気になって、画面を眺める。頻繁に見ないと落ち着かない状態は、ここで言えば「事が多い」。その上、メールやラインでいろいろな人が連絡してきます。いまの高校生や大学生は、勉強している最中にも常に返信しているので、勉強がはかどりません。生活がどんどん携帯電話に浸食されています。

本当に一人で静かになる時間を持ちにくい。昔なら付き合える人数も限られていましたが、いまは携帯電話に連絡先が一〇〇件や二〇〇件入っているのがふつうです。だからといって、友達関係が安定しているかというと、それはまた別問題。関係がストレスになる場合もあるのです。携帯電話との付き合いも「事が多い」と苦になります。

「事が少ない」とは、仕事が少ないということではなく、仕事をしていてもネガティブな感情が少ない人を指します。それだけでかなり幸福と言えるでしょう。私自身、来月の収入がどうなるかわからないという生活が長かったせいか、ある程度予測できる生活を送れているだけでも幸福だと思っています。

また、すべてのストレスをなくすことはできないので、ある程度は必要悪と思いましょう。必然的なストレス、少量のストレスは、あったほうが長生きするという説もあります。生活をシンプルにしつつ、ある程度は「つきもの」だと考える。何もかもストレスのない、開放された生活が本当に心にいいとは限りません。

◎齋藤孝の「バランスの極意」

三色ボールペン方式で、人と会う時間を整理してみよう。

意識はいつも流れるように

高きに登らば、人の心《しん》をして曠《ひろ》からしめ、
流れに臨まば、人の意をして遠からしむ。（後集113）

――高いところからながめると、心が広々とする。流れてやまない川を見おろすと、心が永遠なものになる。

離れてみて初めてわかる

人はみな、高いところに登るのが好きです。少し前までは東京タワーでしたが、いまは東京スカイツリー。登れば高いところから東京中が見渡せるし、気持ちが大きくなって心が広々としてきます。

かつては城が、そのような場所でした。丘の上に城を作るのは防御の意味もありますが、はるか遠くまで見渡すことができます。高い場所は、気もよいのでしょう。

さらにスケールが大きいのは山登りです。登る道のりは苦しいものですが、ごほうびのように気持ちよい景色が見られます。登山が好きな人は、気持ちを広々とさせたくて登っているのではないでしょうか。登り終えたとき、頂上から見渡すすばらしい風景はたまらないものです。

飛行機からは壮観な景色が見えます。夜に飛行機に乗っていると、地上の光が見えてきて、「ああ、こんなに光がある」と不思議な気持ちになります。日本の夜景は本当に明るくて、「これが、サンテグジュペリが見た光景か」と思わされます。

サンテグジュペリの『人間の土地』の序文には「あの灯りの一つ一つに、みんなが語らっているだろう……離れているけれどつながっている」と書かれています。

また、『夜間飛行』でも、暗い中で灯りを見ながら一人で飛んでいる様子が描かれます。サンテグジュペリは郵便物を飛行機で運ぶ仕事をしていました。郵便は一通一通に気持ちがこもっているものなので、運ぶ責任を感じていました。彼は「下に見える一つ一つの灯りがそれぞれの人生だ」と思いながら、人々が語らう様子を想像します。

日本では、新幹線でどんな田舎を走っていても家が見えます。一軒一軒に家族が暮らしていることを想像すると、それはただの風景ではなくなります。私は全国各地に行く機会が多いので、日本のすみずみまで人が暮らしていることをリアルに感じます。「日本」と、ひと言でくくってしまうと漠然としていますが、どんな田舎にも人が暮らしており、そこへ行けば誰かが喜んで迎えてくれて、気持ちが広がっていくのを感じます。

清らかな意識でいるには広い景色を見よう

宇宙飛行士は、このような思いがケタ違いに広がる職業です。地球全体を自分の目で見るので、国の境でケンカをしているのがバカバカしく思えてくるようです。

かつて立花隆さんが書いた『宇宙からの帰還』（中公文庫）という本を読むと、世界観、生命観が変わったという宇宙飛行士が何人も登場します。地球を外から眺めた人は意識が変わる。水の惑星で美しい星。外から離れて見たときに初めて見えるものがあり、高ければ高いほど広い景色が見渡せます。

ときには自然の中でリフレッシュ

ここでは「流れてやまない川を見下ろすと、心が永遠になる」と書かれています。川の流れを眺めていると「ゆく川の流れはたえずして……」という『方丈記』的気分になり、心が落ち着いてくるということでしょう。

私たちの中には、どこかに「流れていたい」気持ちがあります。アメリカの哲学者ウィリアム・ジェームズは、「意識とは流れだ」と言いました。宮沢賢治も、「あそこの林のほうに私の意識が流れ込んでいく」と、詩で綴っています。意識そのものは、いつも流れているものだと思います。

宮沢賢治は『銀河鉄道の夜』で宇宙にも行ってしまいます。彼の意識は、相当に高いところに上がっていたのでしょう。地元の岩手山にも生徒たちを連れて何度も登って、読経し、心を澄んだものにしていました。朝、霧の輝きに感動したようです。自然の中に身を置くことで、心を軽やかに澄むようにさせていました。

心が狭い人は、ちょっとしたことでも大きな悩みに感じてしまいます。高いところから物事を眺めて心を広く持ち、川の流れのように意識を澄んだものにしましょう。

◎齋藤孝の「バランスの極意」

疲れたときには、高い場所に登ったり、川の流れを見てみよう。

心を〝虚〟にして〝実〟を満たす

心《しん》は虚《きょ》ならざるべからず。
心は実《じつ》ならざるべからず。（前集76）

――心はいつも空虚にしておかなくてはいけない。心はいつでも充実しておかなくてはいけない。

焦りや見栄は排除しよう

まるで正反対のことを、同時に言っているように聞こえるかもしれませんが、そうではありません。両方に極端であってはならず、虚の中にも実、実の中にも虚があるように。このバランスこそが、『菜根譚』の基本DNAです。

「虚」とは、よこしまな気持ちや雑念を取り去っていること。虚にしておけば、あいた部分に「義理」がやってきて、落ち着くことができる、と言います。義理の「義」は正しいと読みます。いまの社会で言ういわゆる義理ではなく、「正しい道理」ということです。

虚にしていると義理がくる、というのはたとえばこういうことです。

自分の利益ばかり考え「これを言ったら社内での自分の立場が悪くなる」などと思っていると、判断を間違い結局大きな損失になる場合があります。そんなとき、細かい自尊心や、くだらない虚栄心や、目先の小さな利益を排除してみるのです。排除した部分が「虚」です。

「心を虚にする」ことを覚えましょう。焦ったり見栄を張ったりする小賢しい心をスッと除けると、正しい判断力がやってきます。

また、いままで自分がやってきたことを正当化し、次の判断を間違える人がいます。いつもダメな男性と付き合ってしまう人は、「私がいないとダメだから」とか「優しいから」と、彼のダメっぷりを認められません。そうではなく、心を虚にして落ち着いて見ればわかるはずです。「この人は、一緒にやっていけない男だ」と。「虚」にしてみれば、正しい道理がやってくるのです。自分の過去の判断を正当化するために、次の判断を誤ってしまうことのないよう、心を「虚」にしておかなければなりません。

心を楽しいことで満たそう

逆に、「実」にしておかなければならない面もあります。「実」とは、充実していること。ポジティブなもので心を満たしておくことです。よくない考えやとらわれる心をよけて

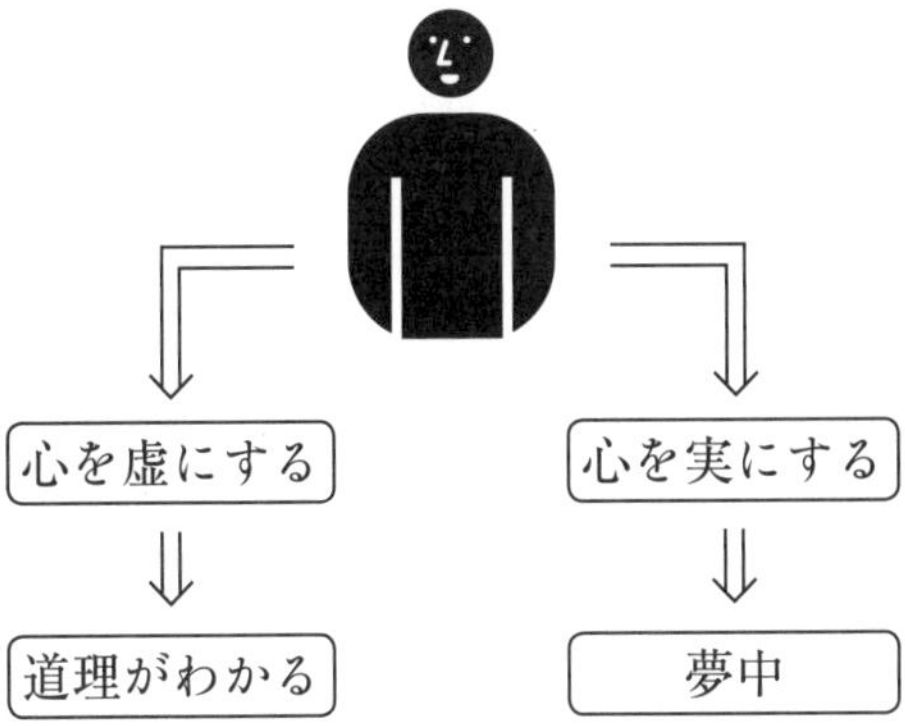

“虚”と“実”をうまくやれば正しい判断ができる

「虚」にし、いいもので心をいっぱいにするのです。

何かにあこがれたり夢中になったりしているときは、どんな子どもでも人をいじめたりはしません。何かに本気で取り組んでいるときは、心が充実し、変な邪念が入ってこなくなるからです。高校生や中学生は、部活で本気になるといい感じになります。本来、部活動は自分が好きなものを選ぶため、そこでうまくいけば心が充実して変なものが入ってきにくいのです。

もちろん、部活内でのいじめもないわけではありませんが、本当に打ち込めるものを見つけられない人間が事件を起こします。「小人閑居して不善をなす」という言葉があるように、普通の人が暇を持てあましていると、ろくなことが起こらない。だから、心を何かで満たしておく必要があります。

本や映画で心を満たす

では、心の「実」の満たし方を考えてみましょう。

私の場合は読書です。最近は、海外のミステリーに目覚めました。年末になると必ず「〇〇ミステリーベストテン」とか「このミステリーが面白い」という話題が取り上げられます。そこでランキング入りしたものを買い込み、お正月に読むのが慣例です。お正月だけでなく、一年かけてさまざまなものを読んでいくと、海外ミステリーは非常にレベルが高く、「読み続けても一生終わらない」ほど充実していることがわかります。

ジェフリー・ディーヴァーというアメリカの小説家が好きなのですが、彼の作品にはまったのは『ウォッチメイカー』(文春文庫)を読んだことがきっかけでした。この文庫本は故児玉清さんが解説を書かれていて、それがまたすばらしいのです。この小説で時計の豆知識を得て、「機械式腕時計を持てばよかった」と後悔したほどです。

『ウォッチメイカー』は、車椅子の探偵リンカーン・ライムと、NY市警の女性巡査アメリア・サックスが出てくるシリーズものの一冊。このシリーズは十作近く出ているのですが、第一作の『ボーン・コレクター』から読みたくなり、読んでいたらちょっとした表現を英語で知りたくなって原書まで購入し、時間がいくらあっても足りなくなっています。

私の人生、長く見積もってあと三〇年。お気に入りの作家が増えると、大変なことになると実感しています。

このように心を内側から楽しくするものを持っていると、安心感があります。仕事は大切ですが、心のすき間ができたらそれを読めばいい。仕事や用事の合間に読むと、心が変に空虚になることもありません。他にも映画や、録画したテレビ番組など、見たいものもたくさんあります。何かを楽しいと思う状態は、心が「実」になっている状態です。

心を「虚にしてみよう」「実にしてみよう」と、虚実の感覚をつかむ練習をするとよいでしょう。思いわずらったり、つまらない見栄を張りそうになったときには、それを払いのける訓練をする。払って、払って「虚になってきた」と感じてみる。冷静になると、正しい判断が見えてきます。また、心が楽しくなる趣味を持ち、「実になってきたな」という感触を得る。この二つは違う技ですが、意識して両方やってみるとずいぶん心が落ち着いてくると思います。

◎齋藤孝の「バランスの極意」

心がワクワクする楽しい趣味を持ち、「心の実」を満たそう。

古典や本で精神の軸を作る

精神は万古《ばんこ》に新たなるが如し。（前集148）

――人間の精神は永遠に日に日に新しく生き続ける。

心と精神の違い

ここでは「精神」について考えてみましょう。「心」と「精神」は、同じようなものだと思いますか？　私は、心と精神は分けて考えるほうがいいと思い至りました。心というのは、個人のもの。簡単に人と共有はできません。「今日は心が重い」とか、「昨日は心がうきうきしていた」とか、まるで天気のようにころころと変わります。この喜怒哀楽が心です。

精神は、それとは少し違います。たとえば「武士道の精神」というと、武士に共有され、伝統的に受け継がれてきたものです。個人というより他人と共有するもので、ころころ変わるものとはまったく違います。去年の武士道の精神と、今年の武士道の精神が違うとい

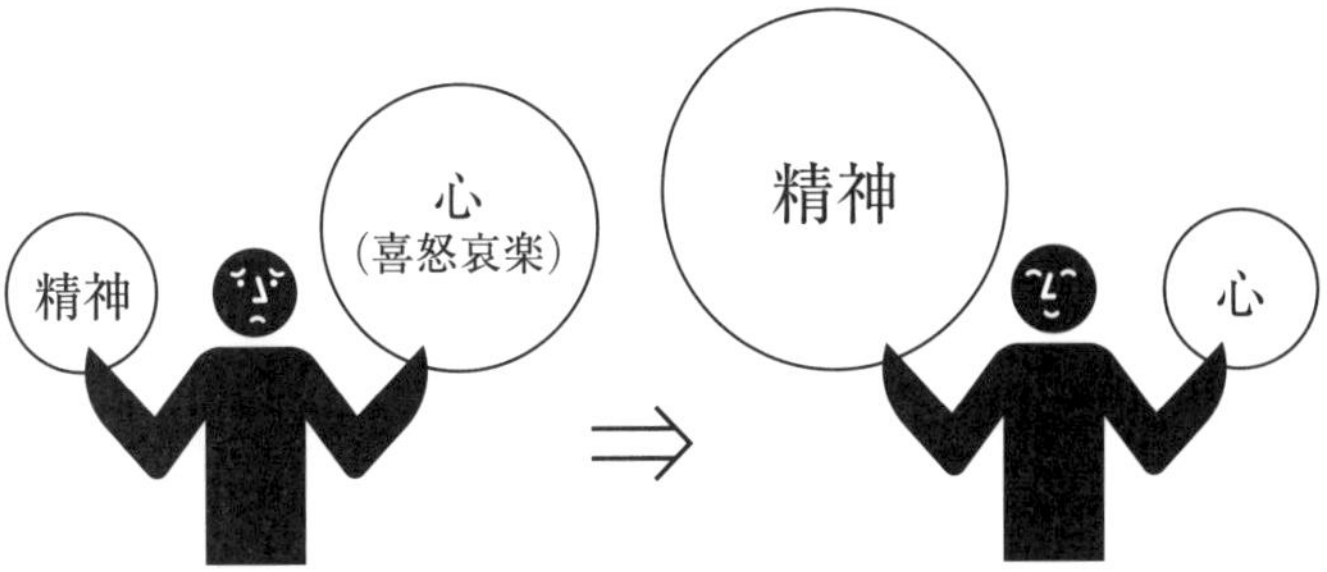

心に振り回されないよう精神を培おう

うこともありません。

「甲子園の精神」も同じように脈々と流れています。また、「学校の創立の精神」は、慶應義塾なら福沢諭吉の精神が生きているでしょうし、同志社には新島襄の精神があるでしょう。先日私は成蹊小学校で講演をしました。この学校には中村春二という創立者がいて、「こころの力」という立派な文章を残しておられます。それを小学生なりにみんなで毎日読み上げている。難しい文章ですが、音読することで創立者の精神が共有され、学校の精神になっているのです。

精神とはこのようなもの。気分によって上下したり、個人的な感情が入ったりするものとはまったく違います。

私は犬を飼っていますが、犬には豊かな喜怒哀楽があります。もしかしたら人間より豊かなのではないかと思うほどです。ところが精神があるかというと、それほどのものはない気がします。忠犬ハチ公くらいになるとあるかもしれませんが、創立の精神や、甲子園の精神、武士の精神、茶の湯の精神とは明らかに違うでしょう。

このことに気づくと、心と精神をごちゃごちゃに考えていたのが不思議なほど、二つの違いはくっきりとしてきます。心は不安定なものですが、精神は培うと安定することにも気づきます。

かつての日本人は、精神が占める割合が大きかった。武士でいえば、精神が九、心が一くらいではないでしょうか。切腹のときなど、心はほとんど介在しません。すべてが精神です。ある赤穂浪士の妻が、夫が切腹するということで嘆き悲しみました。しかし、夫は妻に書き送ります。「泣くな。これは人としてやらなければならないことだ」と。「でも心はいつもあなたと一緒にいたい」と。これが、精神と心の違いだと思うのです。

心が肥大化すると、人は不安定になります。心というのは土台のないものなので、その日その日で変わるもの。ちょっとした出来事で、心が落ち込むこともあります。しかし、精神というものはその影響を受けません。

高校球児は、落ち込んでいるときでも一塁まで全力疾走する。これは、甲子園の精神を身につけていれば、誰でもやることです。嫌なことがあったからといって、全力疾走しないわけがない。試合前の礼や、試合に一生懸命取り組むことも同じです。

精神の比重が減って心が肥大化すると、いつも揺れて不安定になります。これは心全体にとって非常に負担です。安定させるためには、心の領域を広くしすぎず、体の習慣を増やすといいと思います。

そうすると、心で思い悩む余地が減っていきます。毎朝起きたら、体操でもして、妻や夫と話をしたり、散歩をしたりして体の習慣を増やしていく。心の領域を減らしていくと、安定感が戻ってきます。現代人はみんな、心に振り回されすぎています。心は上がり下がりが激しいと疲れます。

一般的な日本人にとっては、精神が持ちにくい時代です。親から職業を受け継ぐことも減ったため、精神の継承がうまくいっているとは言えません。精神力が弱くなり、心が不安定になっている。日本人の心が弱くなっているとすれば、精神がないせいです。

キリスト教圏やイスラム教圏は、宗教そのものが非常に力を持っています。宗教自体が強力な精神なので、みんなが精神を共有しています。よいか悪いかは別にして、大変強いものです。日本人は一つのものに固まらない柔軟性がよいところですが、精神の伝統がないのもよくない。でも、いまさら皆が武士道というわけにもいきません。

精神の師を三人持とう

そこで私が提案したいのは、意識して誰かにあこがれ、その精神を自分の中に流れ込ませることです。

たとえばニーチェが好きでニーチェのことを知っていくうちに、ニーチェの精神が流れ込み、自分の中に根付くことがあります。著作や伝記を何冊も読むことでその人の精神が乗り移ってくる。模倣しつつ身につけることで、心の危機を減らせるのではないかと思います。

一人一人が自分の精神のテキストを持ち、精神を作っていく。「精神の師」を三人くらい定めて勉強するとよいのではないかと思います。美しいと思うもの、好きな音楽でもいい。それを生み出す人たちに精神を感じるのです。

私は、中学時代に勝海舟が好きで『氷川清話』を一年以上持ち歩いていました。勝海舟の持っているような眼力、人を見る目や天下国家を見る目を持ちたいと思いました。その他にはドストエフスキー、ニーチェ、ゲーテが好きで、繰り返し読んでいます。『ゲーテとの対話』などを読んでいると、近しいおじさんがものの見方を教えてくれているような気がするのです。他にも、日本人なら吉田松陰や福沢諭吉。画家ではセザンヌ。その人の本を集中的に読んで理解が進むと、精神は乗り移ります。何も難しいことはありません。

かつて、日本人の精神の中核は『論語』でした。日本人の骨格は『論語』と『仏教』によってできていました。いまは仏教も曖昧、儒教も曖昧、すべてが曖昧になり、精神の軸が作りにくい時代です。そこで、たくさんの古典を読み、「マイ古典」にして、支柱をたくさん立ててみましょう。精神の支柱となる自分の古典を何冊か持つとよいでしょう。

◎齋藤孝の「バランスの極意」

「心」と「精神」は別物。「マイ古典」で、精神の支柱を持とう。

幸福は自分の心が作り出す

人生の福境禍区《ふくきょうかく》は、皆念想より造成す。念頭稍《やや》異ならば、境界は頓《とみ》に殊《こと》なる。（後集108）

——人の一生の幸不幸の境涯の区別は、すべてその人自身の心が作り出したものである。心の持ち方がほんの少し変わっただけで、不幸であるという立場がたちまち幸福に変わってしまう。

世界は思い込みで作られている

幸福とは条件があるものでなく、「その人が幸福と思えば幸福、不幸だと思えば不幸」。すべて念想が作るものだと言いきっています。

ここで思い出すのは、岸田秀さんの『ものぐさ精神分析』（中公文庫）という本です。話題になった本なので、読んだ方も多いでしょう。岸田さんは精神分析学者としてフロイトなどを学び、「すべては幻想である」という考えを貫いています。この世のあらゆるこ

小さな幸せを積み重ねよう

とは「幻想」であり、私たちは思い込みでこの世界を構成している、という思想です。

スイスの言語学者ソシュールもまた、「私たちは自分たちの言語の網の目で世の中を見ており、言語によって世の中の見方は違ってくる」と言っています。

丸山圭三郎の『ソシュールの思想』（岩波書店）という名著を学生時代に読み、私たちが言葉を通して世界を分けて見ていることを知り、衝撃を受けました。差違、違いが意味を生み出す、というのです。極端を言えば、虹は色を五つにしか分けられない言語なら、五色に見えてしまいます。

日本語ではAとBの名前が違っても、英語ではAとBが区別されない場合もあります。そう考えると、言語によって世界のとらえ方は変わるもの。このような文化的な網の目の中で私たちは世界を見ているのです。

「思い込み」や「ものの見方」は、昔といまでも大きく違います。

現代人は「物がなければ幸せではない」「お金がないと幸せではない」と思っていますが、鎌倉時代には、そんなことを考えた人などいなかったでしょう。それより重要なのは「仏道に励む」ことでした。藤原道長でさえ摂関政治に就いた翌年には、息子の頼通にポジションを譲り、出家してしまいます。

「この世をば　わが世とぞ思ふ望月の　欠けたることもなしと思へば」

道長は、「世の中をすべて支配し、満月のように満ち足りている」思いを詠んでいますが、わが世の春は長くありません。当時の理想は、人生の最後には出家することでした。すべては「念想より造成す」で、自身の心が作り出したもの。幸不幸も幻想だという最後を迎えるのです。

日々に一喜一憂しない

「人間万事塞翁が馬」という言葉があります。これは、人生における幸不幸は予測しがたく、幸せがいつ不幸に転じるのかわからないから、一喜一憂してはいけない、という意味です。足を骨折したから兵隊に行かなくてすんだ、などという話もあります。自分の心が作り出す幸せで、日々を満たすことができれば、とても自由になれる気がします。

私が最近読んだ本の中で、もっとも印象的だったのは、河野裕子・永田和宏『たとへば君——四十年の恋歌』（文藝春秋）と永田和宏『歌に私は泣くだらう——妻・河野裕子 闘病の十年』（新潮社）でした。自身、高名な歌人である永田さんが妻の河野裕子さんと魂のやりとりを歌で交わした記録です。河野さんは、与謝野晶子以来の歌人と言われた人ですが、がんで亡くなる前に非常に精神が不安定になり、家の中で爆発してしまうのです。ご家族は大変な思いをされましたが、家族の愛の深さに私は感動しました。

精神が錯乱した河野さんが、夫に対して「なぜ私をもっと見てくれないのか」と迫り、それを家族が押さえるようなシーンもあります。しかし彼女は亡くなるまで、ティッシュボックスのようなものにまで歌を書きつけていました。河野さんの歌に苦しい時期を乗り越えた、家族の素晴らしさを感じます。

「あの時の壊れたわたしを抱きしめてあなたは泣いた泣くより無くて」
「さみしくてあたたかかりきこの世にて会ひ得しことを幸せと思ふ」
「手をのべてあなたとあなたに触れたきに息が足りないこの世の息が」（辞世）

不幸だと思った時期が報われ、幸せに変わる。そんな瞬間と家族の思いが深く描かれたすばらしい本です。

◎齋藤孝の「バランスの極意」

幸福は、自分の思い一つ。何が幸福かを考えてみよう。

第三章　幸せになる生き方

平凡を貫く

醲《じょう》肥《ひ》辛甘《しんかん》は真味《しんみ》に非《あら》ず、真味は只《ただ》是れ淡《たん》なり。（前集7）

——味の濃厚な美酒美肉や辛いものや甘いものは本当の味ではなく、本当の味はただ淡泊なだけの味である。

平凡なものには威力がある

「神奇卓異《しんきたくい》は至人《しじん》に非ず、至人は只是れ常《じょう》なり」と続きます。「至人」とは、道を究めて究極にまで達した人のことを指します。

私の尊敬する教育者に、芦田恵之助《あしだえのすけ》先生がいます。明治大正昭和と、日本の国語教育を引っ張った人で、彼が開発した国語の授業形式が、その後の日本に受け継がれていきました。芦田先生が言い続けたのは、「平凡を貫く」ということでした。平凡に見えるけれどしっかり筋が通ったことを実践すると、ものすごい威力を持つ。これこそが、非凡なる平凡だと思います。

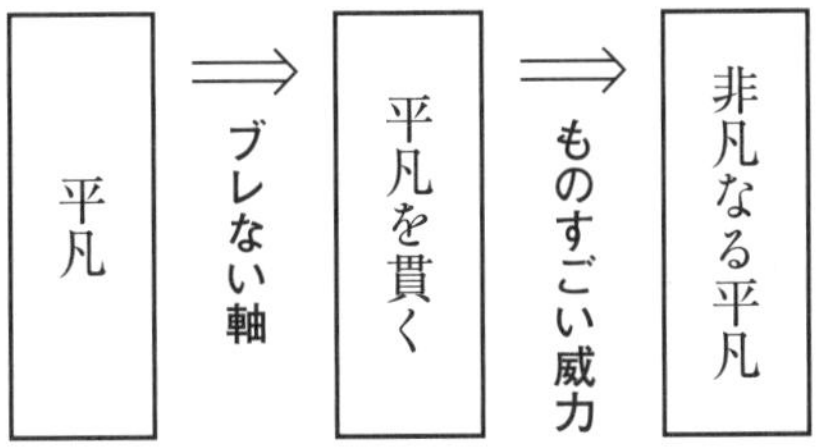

平凡に見えるけれど飽きがこない存在になろう

先日、デザイナーの佐藤可士和《かしわ》さんと対談する機会がありました。佐藤さんは「デザインはバランスが一番大事。本当にバランスがいいものは飽きがきません」と言いました。ユニクロやＴＳＵＴＡＹＡ、セブン‐イレブン、楽天のロゴなど、誰もが毎日目にするものを作っている著名なデザイナーです。一度作ったロゴは、膨大な数が印刷されて看板になり、全国津々浦々、海外にまで行き渡ります。これは企業イメージを作るブランディングという仕事ですが、時間が経つと流行遅れになるデザインや、飽きのくるデザインでは困る。だから、バランスにとても気を使うと言うのです。

一見平凡に見えるけれど、飽きがこない。これは孔子にも同じことが言えます。中島敦の小説『弟子《ていし》』に描かれていますが、孔子の弟子は、「先生はバランスがとれている。極端に走らない。一見ふつうに見えるけれどすごい」と語っています。本当に優れた人というのは、飽きのこないロゴのようなものなのでしょう。

私たちの食生活を考えると、ごはんは淡です。ごはんに濃い味がついていたら、毎日食べることはできないでしょう。水も淡です。たとえば水にバラの香りがついていたとしたら、気分がよいかもしれませんが、数日で飽きてしまうでしょう。淡こそが、毎日飽きることなく口にできる、本当の味です。

私は、人も淡々と生きるとよいと思っています。平凡の反対語には、非凡や才能という言葉がありますが、生きることと才能は、別に存在しています。それなのに、才能があるかないかを気にする人が多すぎると思うのです。

たとえば、自分が絵を描いているとき、楽しんでさえいればうまい下手は関係ありません。一人でテレビや本を見るのにも、才能は関与しません。長く連れ添った夫婦でも、互いに才能があるから長く一緒にいるのだとは、誰も思わないでしょう。

阿木燿子さんと宇崎竜童さん夫婦のように、お二人とも才能にあふれている場合もありますが、才能だけでつながっているわけではないでしょう。ましてや、ふつうはそれぞれ不満があっても「まあこんなものか」と思いながら五〇代六〇代を超え、離婚もせず淡々と年を重ねていくのです。

誰にでも才能はある

世の中には仕事のできる人がたくさんいて、私も接する機会が多くあります。ただ、人格だけで見ると、仕事ができるできないとは関係ないところに、すばらしい魅力を持った人がたくさんいます。私の伯母は主婦ですが、バランスのとれた性格で何かあると会いたくなる人です。「至人」とは、必ずしも何かの才能があるわけでなく、他の人をゆったりさせることができるお母さんも含まれるでしょう。「至人は只是れ常なり」との言葉は、才能とは別に人間性をとらえているのです。

『菜根譚』が書かれた時代は、「仕事ができる」ことをいまほど重視する時代ではありませんでした。それよりも、人格が整っているかどうかが評価されたのです。現代人は「ルックス」と「お金」と「仕事の能力」が三種の神器のようになっていますが、『菜根譚』にはそういう話は一つも出てきません。かつての日本人にとって、見た目や能力で人を判断しないのは、当たり前でした。

いま、幅をきかせている「ルックス」「お金」「能力」は、モテることと関係している気がします。無理にモテようとしなければ、淡々と生きていけるようになります。モテようとするから、さまざまなものが必要になる。異性は生命力を活性化させ、ワクワクさせてくれるので、異性への関心をあまり放り投げてはいけないけれど、気にしすぎないほうが落ち着いていられます。

◎齋藤孝の「バランスの極意」

非凡なる平凡を目指そう。

愚直に生きる

人心《じんしん》の一真《いっしん》は、便《すなわ》ち霜をも飛ばすべく、城をも隕《おと》すべく、金石《きんせき》をも貫くべし。（前集102）

――人間の心の真実というものは、それが通じると、夏に霜も降らすことができ、城も崩すことができ、金石も貫き通すことができる。

熱は周りを巻き込む

漢文を書き下した文章には、「切れ味」のよさがあります。

かつての日本人には、精神を鍛える方法が二つありました。一つは、身体を使った型の訓練。正座をする、坐禅をする、弓道や剣道など、身体から鍛えるプロセスです。もう一つは、漢文を読むことでした。

『源氏物語』や『枕草子』などは、どちらかというと心を耕します。日本の物語や和歌は、心のやわらかさを表すものが多い。そのときどきに心で感じ、寂しくなったり、明るくなったり、何かを美しいと思ったりする。非常に感性が研ぎ澄まされています。

一方、中国の『論語』や『史記』などの文章は「精神」を養うことに比重があります。こういう文章を声に出して読むと、精神にピッと一本の筋が通り、支柱ができます。そもそも漢字には、このような言葉の質があるのです。

たとえば「人心の一真」の「真」という字は、筆で書くと自分の中で背筋が伸びる思いになります。真一や真など、名前にこの字がついている人は、毎日「真」の文字を書くため、その思いまで体の中に入ってくる。漢字一字の持つ威力は、すごいものがあります。

この話は、獄に投じられた人が、天を仰いで哭《こく》すると、夏なのに霜が降りたという故事から来ています。また、別の故事には草原の石を虎と見誤って射たら、矢じりが隠れるほど深く突き刺さったというものもあります。「一念巌《いわお》も通す」ように、強い思いは城を崩し、金石をも貫くのです。

一つのことを貫くと、思わず他の人も巻き込まれて支えてくれるようになったり、大きなことを成し遂げられるようになります。それほど心というものは、一つに集中すると、大きなエネルギーとなる。「愚公《ぐこう》山を移す」という言葉があるように、本気で思ったときには山を移すほどの力がわくのです。

また、何かに傾注し、深まっていく世界があります。コレクションなどもその一つでしょう。それほどお金持ちではなくても、ちょっとずつ集めていったら膨大なコレクション

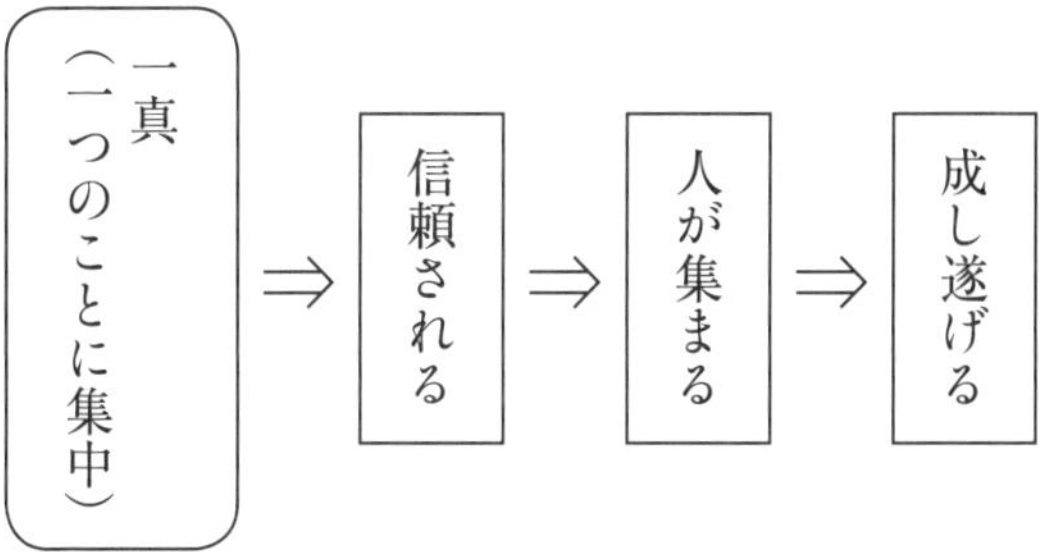

心の一念は人を動かし、物事を成し遂げる原動力

になっていることがあります。私自身はあまりコレクション傾向はありませんが、ミニカーに囲まれた森永卓郎さんを見ていると幸せそうに見えます。

コレクションだけではありません。起業家というのは、一念を強く持っている人がほとんどです。「何としてもこれをやり遂げる」という真実の心に、信頼を寄せて人が集まってきます。最初にあるのは「一真」。心の一念が、人を動かしていくのです。

心の一念は人を動かす

本来、教育の原理は「あこがれにあこがれる」ということだと、私は思っています。先生自身が何かの世界に強烈なあこがれを持っていること、その熱は必ず生徒に伝わります。音楽の先生なら「モーツァルトはすごいんだ。

ここがすごい、この曲はすごい」と言っているうちに、「すごすぎるよ、モーツァルト」という思いが生徒を惹きつけ、授業を推進していきます。

実は私も、全教科を「すごすぎるよ」という一念で通したいと思っています。ピタゴラスの定理を教えるときには、「ピタゴラスの定理はこの世で最高のもの」という気持ちになって「すごすぎるよ、ピタゴラス！」と叫ぶ。学生にもそれを言わせるように教えるのですが、最初のころは照れくさくて、なかなか声が出ません。しかし、本来、そのような照れは一切不要。教育は「ノリノリ」でなければなりません。熱は徐々に学生にも伝わっていくものです。一念で貫かれている人は、強い力で人に何かを教えることができる人でもあります。

◎齋藤孝の「バランスの極意」

気に入った文字を何度も書いてみよう。

志を推進力に

人定《ひとさだ》まらば天に勝ち、志一《こころざしいっ》ならば気を動かす。（前集42）

――人の心が安定すると天にも勝ち、志が専一であると元気をも動かすことができる。

小さなことにも目標を持つ

『孟子』の中にも「志壱《もっぱ》らなれば則ち気を動かし、気壱らなれば則ち志を動かせばなり」と書かれています。『孟子』を好んだ吉田松陰は、「志定まれば、気盛んなり」という言葉をよく使っていました。

気力のない若者のことが問題になりますが、それは志が定まっていないからです。受験勉強一つでも、ただなんとなくやっていては気力がわきません。「この大学に行きたい」という目標があったり、「理工学部でこういう研究がやりたい」という気持ちがあればこそ、受験勉強もがんばろうと思えるのです。

目標が一つに定まると、準備をしたくなります。「人が定まれば天にも勝つ」とあるように、すべては自分の心を定め、志を一つにすることから始まります。「これ」というものがあれば自然に気がわき、周囲の状況をも動かしていきます。気力がわかないのは、目標がはっきりしていないとき。情熱の行き場がないときです。

「志」の一字は、かつての日本人の生き方を引っ張ってきました。特に幕末や明治時代は志という言葉を、誰もが好んで使いました。司馬遼太郎の小説が人気があるのは、志が描かれているからでしょう。登場人物はみな志を持っており、志が推進力となって多くの人を巻き込んでいく。そのありようは、現代の人間にも大きな影響を与えています。典型的な人物が坂本龍馬でしょう。

行動するには情報が必要

私は「ミッション、パッション、ハイテンションション」という言葉を大事にしているのですが、中でも、もっとも大事なのは「パッション」ではないかと思っています。パッションとは志から生まれる情熱ですが、情熱があれば行動力も生まれてくるからです。

あるとき、『100人の子供たちが列車を待っている』というチリのドキュメンタリー映画を見ました。独裁政権下で、子どもたちに映画を教える学校をカメラが追いかけます。そこは教会の日曜学校で、アリシアさんという先生が毎週子どもたちを集め、実物模型を

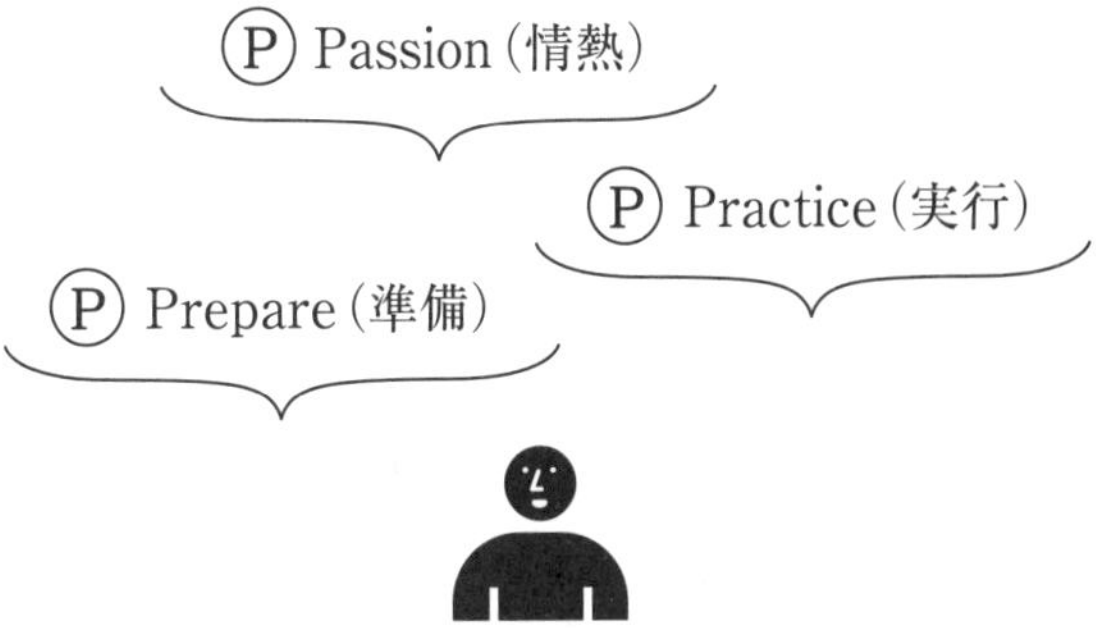

PPP方式でリーダーシップを！

見せたり、実際に作ったりしながら映画について教えていくのです。

まだ小学校にも行かないような年齢の子どもたちも集まってくるのですが、映画作りを通して子どもが徐々に目覚めていく。小さな子がアルバイトをしなければ生活費も稼げないような貧しい地域ですが、彼らはこの授業で自分を解放し、表現する自信を身につけていきます。

教室にはやる気が充満し、授業が終わると子どもたちは家に帰って「今日はこういうことをやったよ！」と、喜々として親に話します。親も「日曜学校に行くと、いきいきしていて嬉しい」と語ります。

これこそが教育です。「伝えたい」という志がある人がいると、その人が気を発して空間全体が熱くなる。リーダーシップとは大きな声を出すことではなく、中心に情熱があって、その情熱がしっかりしていること。そして「どこかを強く向く」ことだと思います。

アリシア先生は授業のために入念な準備をします。そして、子どもたちが実行し、練習して盛り上がっていく。そこにあるのは、「情熱、準備、実行」です。英語で言えば、「パッション、プリペア、プラクティス」。私はこれをPPP方式と呼んでいます。まずは情熱が必要であり、人に教えるには準備が必要で、実行段階においては練習が必要である。どんな場合でも「PPP」と覚えて、行動していくとよいと思います。

志が一つに定まった人がいると、磁石に吸い寄せられる砂鉄のように人が集まってきます。人にとって大事な能力はいろいろありますが、最近はリーダーシップを持つ人が少なくなっています。

大学で学生たちに「リーダーシップを、意識的に身につけようとしてきたか?」と質問したところ、七〇人中四人しかイエスと答えませんでした。「では、協調性を身につけようとしてきたか?」と聞いたところ、ほぼ全員がイエスでした。非常にはっきりした差が出て、リーダーシップにおけるパーセンテージの低さに私は愕然としました。

志が定まる強さがなければ、就職も難しくなります。ふつうにおとなしくて、言うことを聞いてちゃんとしている人はどこにでもいます。その中で人をぐっと惹きつけるものを持っている人が企業に採用されていくのです。

そういう意味でいまの日本は、かつての本田宗一郎のようにパッションがあり、何にでも取り組んで実行していく人が少なくなっています。志が定まれば、気を動かす。強いリーダーシップを持つ人が、若い人の中から出てきてほしいと思います。

◎齋藤孝の「バランスの極意」

「情熱、準備、実行」の三つを意識し、リーダーシップを身につけよう。

人の心をつかむのは〝人徳〟

> **徳は才の主《しゅ》にして、才は徳の奴《ど》なり。**（前集140）
>
> ――人徳は才能の主人であって、才能は人徳の召し使いである。

才能に加え人徳も備えよう

「徳」と「才」は、対になっている言葉です。現代は「才能がある」「あの人はできる」「頭がいい」など、「才能」を持つ人がもてはやされますが、「徳」という言葉はほとんど聞かれません。

かつての日本では、「才」よりも「徳」のほうが重視されていました。「道徳」が重んじられ、二宮金次郎のように「徳を積む」ことが人生の主な目的となっていたのです。江戸時代の寺子屋で使われていた教科書『実語教』には「徳」の話が何度も登場します。「徳」の大もとの哲学は『論語』にありますが、その時代の人はみな、徳を大切に生きていました。

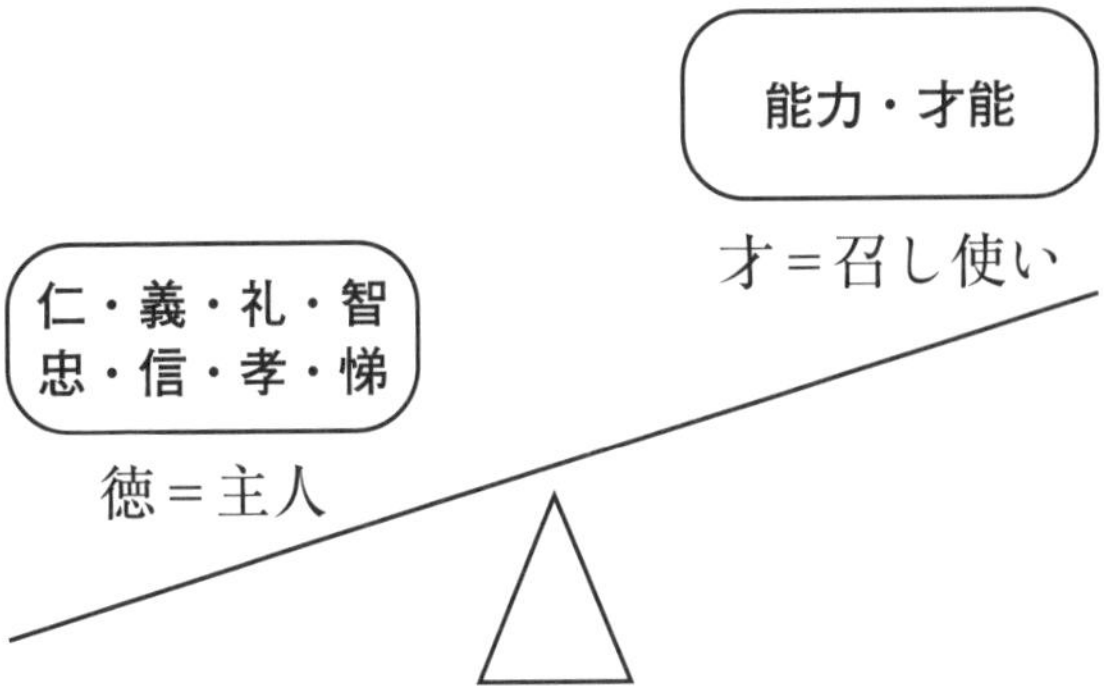

“徳”は人が持つべき基本的な価値観

「仁」「義」「礼」「智」「忠」「信」「孝」「悌《てい》」のすべてが含まれるのが「八徳」で、これらを身につけるようにと、小学校に上がるころから音読しました。そのため、子どものうちからごく自然に言葉が浸透していたのです。「徳」という言葉は、いまではほとんど使われなくなりました。特に若い人の日常会話では、まったく聞くことがありません。しかし「才能」についてなら、若い人もよく語っています。「才と徳」の話でいうと、召し使いの話ばかりして、主人の話はしていないことになります。それが、この国のバランスをおかしくしているのかもしれません。

徳とは、人間が持つべき基本的な価値観です。人間性の根幹にある倫理観の基本が、徳という概念には込められています。

ところが、いまは徳という言葉が忘れられ、主人がいない場所で使用人が一人歩きをしている。糸の切れた凧のように、使用人がどこへ行ってしまうかわからない時代になっています。

たとえば、よい大学を出た能力の高い人たちが、日本の国益のために働いたり、世のため人のために働けるとは限りません。持っている能力を、日本の国益を損なう場面で使ってしまう恐れがあるのです。

最近は、優秀な人ほど条件のよい外資系企業に就職していきます。中には、日本の資産を買い漁るようなことをしている会社もあります。始末の悪いことに、そういう会社はずば抜けて給料がよかったりする。その結果、日本で育った優秀な才能が、日本の国益を損なう働きに使われているのです。そんなことになるなら、才能などないほうがまだましです。

このように、主人（徳）がいない場所では、召し使い（才能）をどう使うかに決定的な差が生まれます。かつて、核兵器を作ったのは、優秀な科学者でした。才能がある人は、徳という主人がいなければ何をしでかすかわからない。研究に打ち込むあまり周囲が見えなくなると、危ない方向へ突き進むことがあります。

話題のｉＰＳ細胞も悪用しようと思えばできるでしょうし、遺伝子情報も悪い方向に使えるでしょう。高度な研究や技術が進むことには、プラス面もマイナス面もあります。よく切れる刃物をどう使うか。そこに「徳」の存在する意味があります。倫理観を持って、進むべき方向性を決めるのが「徳」なのです。

チーム全体の利益を考える

二〇一二年の末、私が出演したテレビ番組で「今年を漢字一字で表すと?」という質問がありました。出演者全員が自分なりの一字を答えたのですが、私は「国」という字を選びました。

なぜなら尖閣や竹島問題があったし、震災後の経済やエネルギーの問題がありました。また、オリンピックのあった年でした。この国をどうしていくのか。国を守るとはどういうことなのか。若い人たちも、初めて意識した年ではなかったかと思います。

少し前まで「国」を意識するのは、オリンピックやワールドカップのときくらいでした。それくらい国の状態は安定していました。危機になって初めて「国のことを考えないと危ない」と気づきます。経済的にも、日本を支えてきた大企業のパナソニックやシャープまでが危なくなっています。

「国益とは何か」と考えてみましょう。戦争は、もっとも国益を損なうものです。領土問題でいさかいが起きていますが、いたずらに攻撃的になることが国益とは限りません。自衛隊幹部の方は、何としても中国との戦争は避けたいと言われていました。こんなときこそ冷静に、「国益とは何か」を考える。そういう時代に入ったのだと思います。

そして、これらを考えることは、一つの徳になります。本当のリーダーとは、チームの利益は何かを考えられる人です。単に勉強ができるだけでは、大して役に立ちません。全体の利益を考え、「徳」を主人とし「才能」を使用人にすることができる本当のエリートを、育てていかなくてはなりません。

◎齋藤孝の「バランスの極意」

国益とは何か、自分にできることは何かを見つめてみよう。

目指すのは〝貪得知足〟

> **得《う》るを貪《むさぼ》る者。足《た》るを知る者。**（後集29）
> ――物を必要以上に得たいと思う人。自分の身のほどを知って、その場その場で満足する人。

欲は生きるエネルギー

「得るを貪る者」と「足るを知る者」の対比が描かれています。ここでは、幸せのバランスについて考えてみましょう。

「足るを知る」ほうがよいということは、考えれば誰もがわかります。「得るを貪る」のは何をやっても満足しない人。しかし足るを知れば、少しのものを得るだけで、幸福感が生まれます。ただ、ここで注意したいのは、すぐに足るを知ってしまう人は、俗世間を生きていく上でエネルギーが不足しているということです。

いまの若者には、「社長にはなりたくない」と言う人が増えています。現代の生活は、携帯電話があり、パソコンがあって、ある程度のお金があれば、友達もいるし満足できる。足るを知ってしまったために「まだ足りない」「もっと大きなことをしたい」という青年特有の野心が少なくなっているのです。

「ボーイズ・ビー・アンビシャス！」と言いたくなるような状況です。この言葉には「大志を抱け」という訳もありますが、「野心を持て」「野心的であれ」とも訳せます。シェイクスピアの戯曲『ジュリアスシーザー』の中に、ブルータスがシーザーを暗殺したあと、なぜ暗殺したかを説明するシーンがあります。

「私はシーザーを愛していた。しかし、彼はアンビシャスだった」

つまり、「野心には死だ（Death for his ambition）」と語るのです。アンビションというのは、皇帝になろうというほどの強い野心です。「ボーイズ・ビー・アンビシャス」は、それほどの荒々しさを含んだ言葉だと、理解したほうがいい。若者には、「足るを知る」を大切にしてほしいのですが、一方で「得るを貪る者」であってほしいという思いがあります。

欲望が刺激されると魂が活性化する

人の物を見て羨ましく思ったり、手に入れたくなったり、もっと自分は上手にできるのではないかと思う刺激はとても大事です。このような気持ちさえあれば、まだ若々しく生

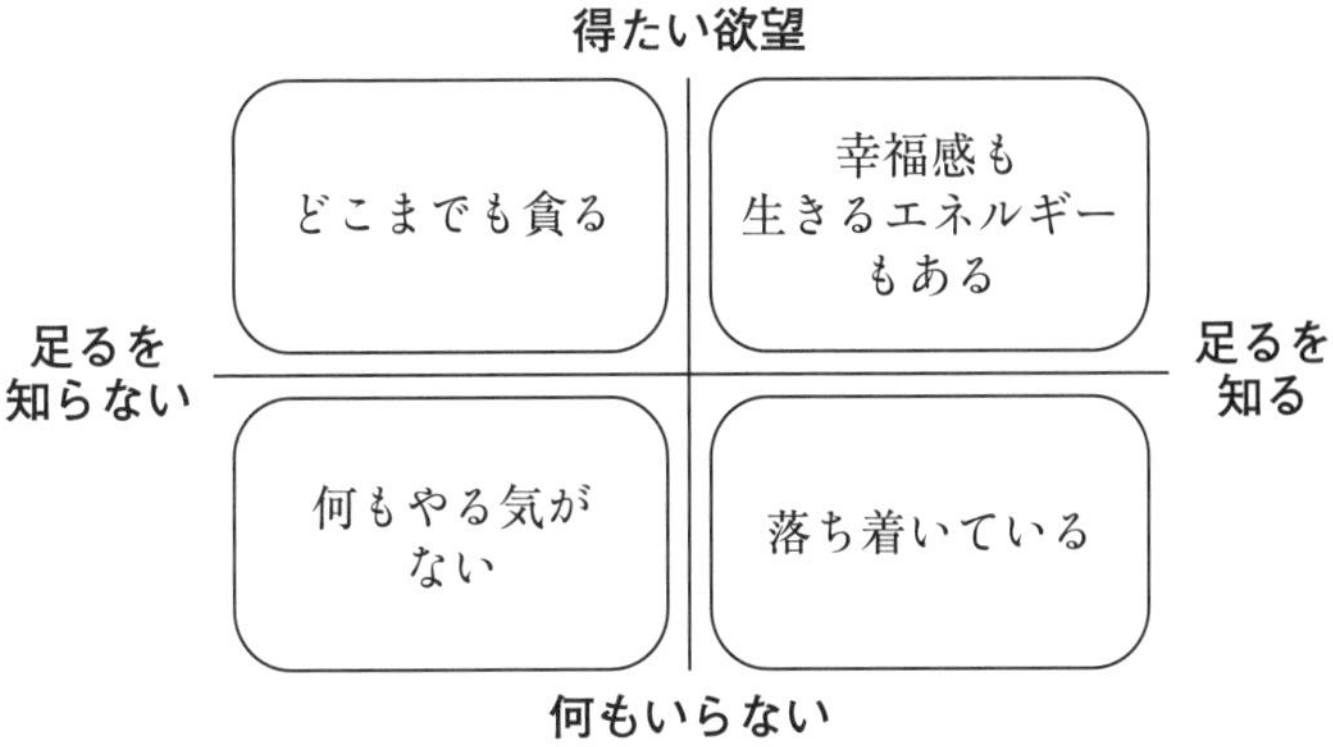

いい意味で“欲張り”になろう

きられます。

人は、もうすぐ死んでしまうと思えば、ほしいものはなくなるでしょう。何を持っていても仕方ない。お金も物もあの世に持っていけるわけではありません。ある程度の暮らしができればそれで十分という気持ちになるはずです。

「まだほしい」「もっとほしい」と思う人は、足るを知らないわけですが、生きるエネルギーはあふれています。インドなどには、一日中座って修行をしている「足るを知る人」がたくさんいますが、実際に世界中が足るを知る者ばかりだったら、いまの便利な世の中にはなっていないでしょう。

みんなの欲がなくなって、悟ってしまう人が増えると、消費も活性化しなくなります。文明というのは、欲望をエネルギーにして進んできました。「もっとおいしいものを食べたい」とか、「もっといろいろなものが見たい」とか、「もっと健康で長生きがしたい」というのも欲望です。

欲は、生きるエネルギーになります。私は「実質的欲望主義者」と呼んでいますが、欲に生きてみるというのも、人としての一つの姿です。

ここでは、「得るを貪る者」「足るを知る者」と、二人の人のように書かれていますが、実際にはこの二人の人物を一緒に同居させるとよいと思います。自分は「得るを貪る者」であり「足るを知る者」である。どちらも、人生には必要です。

◎齋藤孝の「バランスの極意」

欲望や野心と「足るを知る心」を自分の中に同居させよう。

日々を行としてとらえる

筏《いかだ》に就《つ》くや、便ち筏を舎《す》てんことを思わば、方《はじ》めて是れ無事《むじ》の道《どう》人《にん》なり。若《も》し驢《ろ》に騎《の》りて、又復《また》驢を覓《もと》めば、終《つい》に不了《ふりょう》の禅師《ぜんじ》と為《な》らん。（後集71）

――いかだに乗るやただちにいかだを降りることを考える人であってこそ、十分に悟った道人である。もし自分自身がロバに乗っていながら、その上さらにロバを探し求めるようでは、結局は悟ることのできない禅師となってしまう。

いまこの瞬間ベストを尽くす

ここに書かれているのは、悟りの話です。仏教の教えはいかだのようなもの。その教えを頼りにして向こう岸に渡りなさい。悟ることが大事で、仏教の教えはその手段というわけです。

誰もが知っている一休禅師は、変わった人でした。

南無釈迦じゃ　娑婆じゃ地獄じゃ苦じゃ楽じゃ　どうじゃこうじゃというが愚かじゃ

この世は地獄なのか何なのかよくわからない、という狂歌を残しています。この歌が面白いので「にほんごであそぼ」というテレビ番組でも取り上げたことがあります。

一休禅師は実はなかなか大胆な人で、どくろを杖につけて持ち歩いていました。いっぷう変わっていますが、これは世の中を見通している達人の姿です。最後につくった森女《しんじょ》のことを書いた詩には、「女性の体から湧き出る泉を飲み……」というエロティックな表現も含まれていました。

一方、誰もが知っている良寛さんも、長い間修行をしてきて、晩年は慕ってくる女性と互いに歌を残し合っています。そのような恋、本当の愛情を晩年に得るのです。

この二人の高僧の晩年の姿を見ると、「悟っていないではないか」「欲まみれではないか」と思うかもしれません。しかし良寛さんは、死の間際に「いまの気持ちは」と聞かれて「死にとうない」と答えます。これほど物事をはっきり言える人は、やはり悟っているのかもしれません。

どちらの人にも感じるのは、人間としての自然な姿です。禅の境地に達した方は、やは

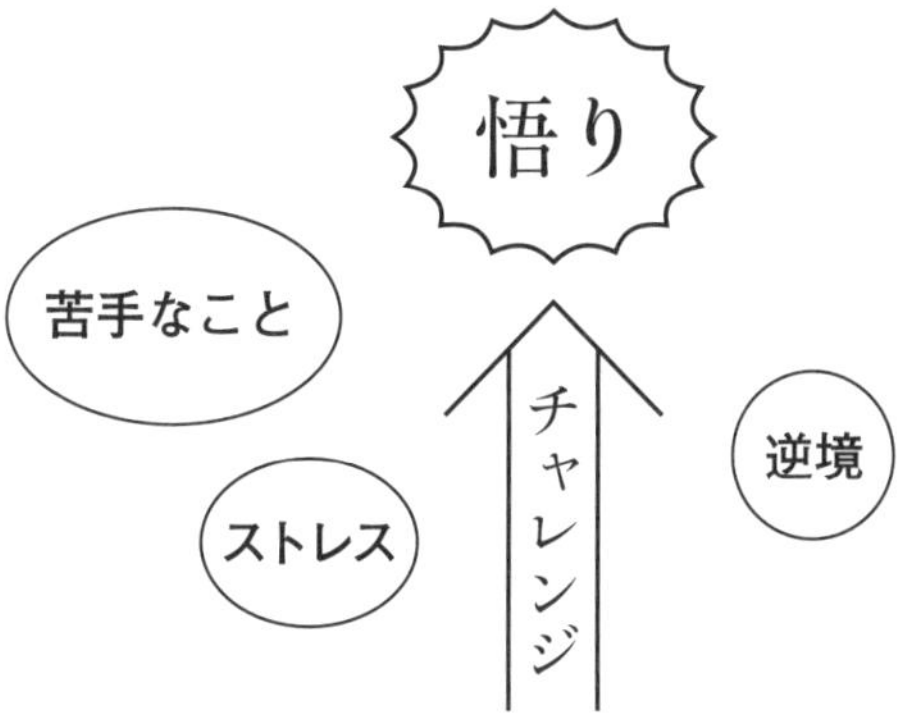

すべて修行と思って取り組もう

り自在だなあと思わされます。おとなしくて静かな人格者というより、もっとアクティブで「え？」と思わせるようなことをして、ユーモア感覚があって面白い。良寛さんにも面白い逸話があり、中には下ネタもたくさんあります。

スポーツや楽器など何でもそうですが、ある技術レベルに行くまでは「こうしなければならない」という段階があります。しかし、あるところから先は、それにとらわれない領域があります。それまではルールを踏まえてきたけれど、大事なところをつかんだら、もう必要がなくなります。

仏教の教えや戒律も、大事なのはそれを勉強することではなく、悟りそのものを体現するということです。とはいえ、悟りをいつも感じている人は少ないでしょう。どうすれば、悟りを感じられるのでしょうか。

私は、「いま死んでも大丈夫」と思えれば、かなり悟りが近いと思います。そして、緊張する場面があったとしても、結果にとらわれずいまの瞬間にベストを尽くせること。さらに「人事を尽くして天命を待つ」という心持ちになれたら、そうとうよい感じです。

修行のチャンスはどこにでもある

ロバに乗っていながらロバを探し求めるというのは、自分の中に仏性という本質を持っていながら、それを忘れて外に仏を探し求めることです。そうではなく、本質は自分の中にある。外へ外へと自分探しに出かけるより、自分自身の中に自分がいると思ったほうがいい。これが悟りということです。

悟ることを人生の目標に据えると、さまざまなことが面白くなってきます。たとえば山登りを悟りの行の一つだと思ってチャレンジすることもできるでしょう。仏道の修行には「千日回峰行《せんにちかいほうぎょう》」という、千日間雨の日も雪の日も毎日山に登る行があります。

満員電車も、悟りの行として考えれば相当な苦行です。気持ちよい場所で座禅をしているほうがよほど楽かもしれません。満員の車内で倒れないように立ち、みんながイライラを我慢して乗っていること自体、私には大変な行を積んでいるように見えます。押し合いへし合いしながら、具合が悪くなる人がいれば冷静に助け、「こちらにちょっとすき間があります」などと譲り合えるのは、悟りの境地というほかありません。

明治時代でも、列車事故などで待たされているのに日本人が騒がないことを、外国から来た人たちは大変驚いたそうです。ヨーロッパならものすごい騒ぎになるのに、誰ひとり騒がず静かに待っている。

なぜそれができるのか。日本には、禅の伝統があるからだと思います。禅とはそういうものです。日々を行としてとらえると、悟りの修行のチャンスはあちらこちらに転がっています。

◎齋藤孝の「バランスの極意」

ストレスを感じる事柄は、悟りの修行と思って取り組もう。

うまくいかないときこそ力を蓄える

伏《ふく》すること久しき者は、飛ぶこと必ず高く、開くこと先《さき》なる者は、謝《しゃ》すること独り早し。（後集76）

――鳥の中で長く地上に伏して力を養ったものは、ひとたび飛び立つと必ず他の鳥よりも高く飛び上がることができ、花の中でも早く開いてしまうものは、必ずその花だけがほかの花よりも早く散ってしまう。

エネルギーは自分を深める

高校三年のとき、私のクラスの目標は「伏竜鳳雛《ふくりゅうほうすう》」でした。竜が伏し、鳳凰《ほうおう》が雛の状態を示す言葉です。「これから自分たちは竜となり、鳳凰になって羽ばたくぞ！」という覚悟を秘めた四文字熟語でした。この文字を描いたTシャツを作って盛り上がり、漢文の小倉先生に「よい言葉だ」とほめられた楽しい思い出があります。

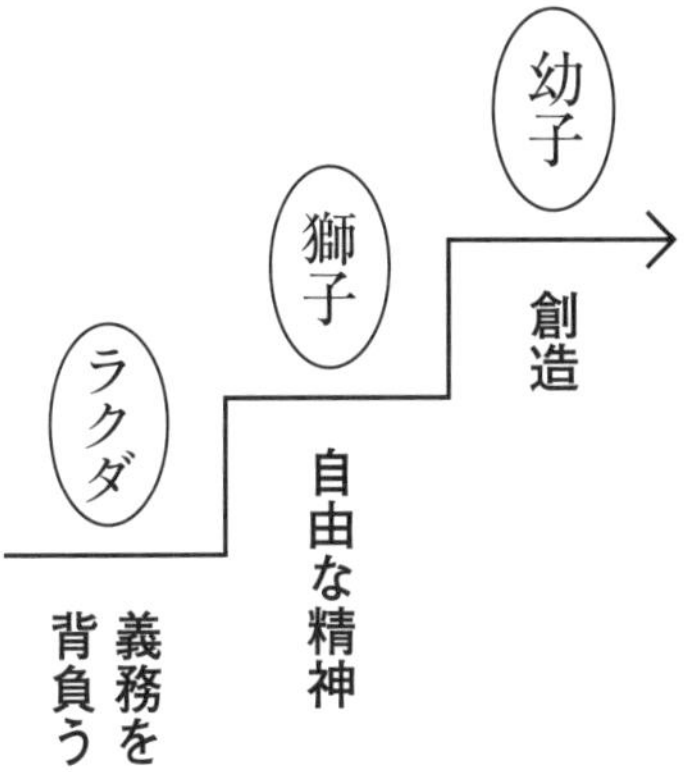

3ステップで大きく羽ばたこう

『菜根譚』のこの言葉を読んだとき、高校時代を思い出しました。

「伏すること久しき者は、飛ぶこと必ず高く」

地力をつけている期間が長い人は、その後ぐっと伸びていくことができます。

私が『声に出して読みたい日本語』を出版して売れたのは、四一歳のときのことでした。二〇代のころから本を書けるという妙な自信があったので、なぜ私のところに何も仕事が来ないのか、と二〇年くらい文句を言っていたのです。四一歳まで二〇年近くエネルギーを溜め込んでいたので、ちょっとやそっとの跳躍では我慢なりません。伏する時間が長すぎて高く飛ばずにはいられず、私は大いに舞い上がりました。

ニーチェは『ツァラトゥストラ』の中で、

人間はラクダの時期、獅子の時期、幼子の時期の三つのステップで人間から超人になっていく、ということを言っています。

ラクダというのは義務を背負う時期。学校で勉強するとか、言われたことをちゃんとやるという、ルールを身につける時期です。次は獅子の時期。自立して自由な精神を獲得していきます。獅子は周囲から何を言われても、やりたいことをやる。そして幼子の時期。幼子というのは世の中を肯定しながらどんどん遊びを自分で考えて動き出します。自分が創造的な存在になっていくのです。

ニーチェも、伏して這いまわったり、よじ登ったりする時期の必要性を語っています。その時期がないまま飛ぼうとしても、なかなか飛んでいくことはできません。もしかしたら伏したまま終わることもあるかもしれませんが、伏していた学びの時間は無駄にはならない。エネルギーは金銭に変換できないかもしれませんが、それ自体が自分を深めていくはずです。

人生のゴールデンタイムに向かって自分の価値を高める

「開くこと先なる者は」とは、早く成功した人が人生の頂点を早く迎えてしまうことを指しています。人生には人それぞれのゴールデンタイムがあると考えると、長いスパンで考えたほうが楽しくなります。「自分はまだ花開いていない」「もうちょっとだ」と思いながら、前に進んで行くほうがいいでしょう。

どうなれば花が開いた状態なのか、高く飛んでいるのかは、それぞれの基準によるものです。男性はナンバーワンになりたがり、女性はオンリーワンになりたがるという説があります。ナンバーワンは誰もがわかる結果ですが、オンリーワンの場合は違います。何かを競っても、さまざまな要素の掛け合わせで「これなら負けない」と思えることがあるでしょう。自分独自の価値は、案外足元にある。それに気づくことが大切だと思います。

◎齋藤孝の「バランスの極意」

自分はまだ「花開く前の時期」と思い、勉強して力を蓄えよう。

不全感を次につなげる

五分《ごぶ》ならば便《すなわ》ち殃《わざわい》無し。五分ならば便ち悔《く》ゆること無し。

（前集105）

――ほどほどにしておけば、人をそこなうことはない。ほどほどにしておけば、後に悔いることはない。

“ほどほど”で心も体も健康に

どんなにおいしいものでも、食べすぎれば体をこわします。しかし、五分でやめておけば禍《わざわい》はありません。また、人の心をワクワクさせる楽しいことも、度を越せば体をこわします。しかし、五分にしておけば悔いることはありません。ここでの「五分」とは、「ほどほど」と理解するといいでしょう。

井原西鶴の『日本永代蔵』には、実直に生きていた江戸の町民が、何かをきっかけに遊びを覚え、身代をなくすという話がよく出てきます。遊びもほどほどに、「五分くらい」

で止まれば楽しみになりますが、すべてをつぎ込むと破滅の道につながる。これは昔もいまも変わらない真実です。

たとえば、人間関係でも何でも知っている濃い付き合いより、ほどほどによい感じの付き合いができればいい。この人がいいと思って一〇〇%の時間を注いでいると、ふられたときや離れたときに、ゼロになった喪失感を味わうことになります。そして思いの持って行き場がなくなり、ストーカーになってしまうことがあるのです。他にも女性はいる、と思えたらストーカーになることはありません。「ほどほど感」はとても大切です。

すでに亡くなった人や文化の場合は、どれほど好きになっても間違いがありません。いくらゴッホが好きだと思っても、ゴッホは自分を裏切らない。しかし、生きている身近な人に期待をかけすぎると、かえって相手を恨むことになるのです。

四〇歳を超えたらギアチェンジ

また、あまりに誘惑的な事柄も、度を越してしまうと身を持ち崩します。お酒も、食事も、遊びも、若いときはやりすぎるくらいがちょうどいいのですが、それが変わってくるのが三〇歳くらい。そこから四五歳くらいまでの間に、「ほどほど感」をつかんでいきましょう。そうすれば、四五~六〇歳くらいの人生の後半が安定していきます。たいていの人は、「食べすぎや飲みすぎがこたえる」と思い始めるのが四〇歳前後です。そのあたりでギアチェンジをするのです。

若いころなら徹夜でやりきったことも、だんだんできなくなり、中庸を学んでいく年齢です。若いころは「中庸が大事」だと知識では知っていますが、実際に自分のこととしては考えにくい。でも四〇歳になったら実感することが増えていきます。中庸を実践し、練習していくのが四〇代だと言えるでしょう。

一番取り組みやすいのは、食べものです。毎日限界まで酒を飲んでいた人は、少しずつ減らして五分くらいにする。肉ばかり食べてきた人は、野菜を多くとるようにする。私も肉派だったので、若いころは食生活が偏りがちでした。四〇歳を過ぎて食べすぎがしんどくなり、野菜を先に食べるようにしました。トンカツ屋さんでも、キャベツをおかわりできる店があります。肉より先にキャベツをたくさん食べ、油を吸収するクッションを敷いてからトンカツを食べる。そうすると、ほどほど感が生まれます。

大切なのは十やりきるのではなく、七か八でやめておくこと。「もうちょっと食べたかったな」「もうちょっと話したかったな」というところでストップするのです。やりきってしまうと、「しばらくはもういい」という気分になってしまいます。食べすぎた店には当分行きたくなくなるし、しゃべりすぎた相手ともしばらくは会いたくなくなります。

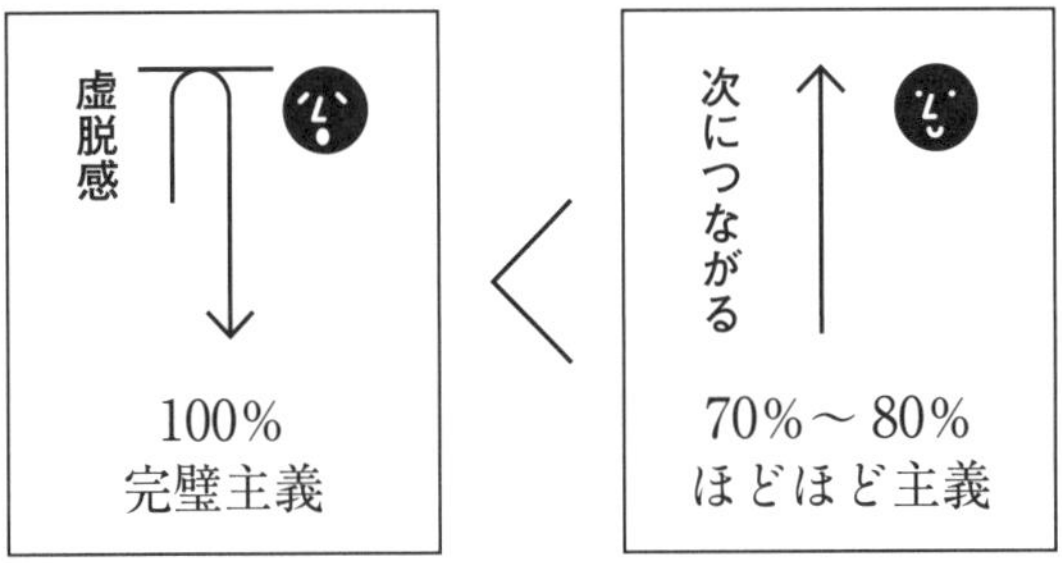

完璧にこだわらず、ほどほどのラインを目指そう

完璧を目指さない

少し思いを残す「不全感」は、必ず次へとつながります。

たとえば、私にとって本づくりは、そういうものです。仕上がった本には満足していますが、「あの部分はもう少し工夫ができたな」という少しの心残りが、また次につながります。おそらく十年かけて完璧な一冊を作ったとしたら、その後の虚脱感が激しいでしょう。それよりは、不十分なところがあっても、次につながる一冊を作りたいと思います。

私がこの手法を学んだのは、ピカソからです。ピカソは、自分の作品を完成させる意識が希薄でした。毎日二、三作品を同時に描いているので、空白があるまま放置する絵もある。「常に現在進行形でプロセスなので、作品として完成させる気はない」という彼の言葉を知ったとき、「だからあのようにたくさんの仕事ができたのだ」と気づいたのです。

それが作品として通用するのは、もちろん才能あってのことです。ピカソのような才能があるかどうかはともかく、不十分さをむしろ次の仕事につなげて、まずは量をこなす。そう考えると、エネルギーの回転がよくなっていきます。

「五分」というのは、そこで止めるのではなく、円滑に進めるためのほどほどのラインです。仕事なら「七、八分」という合格線まで持っていけば、次の仕事への動機づけが生まれます。食べものもほどほどにしておくと、また食べたくなるでしょう。

徳川家康の遺訓に「及ばざるは過ぎたるに勝れり」という言葉がありました。多すぎるよりは足りないほうがいい。やりすぎてしまったら、元には戻せません。料理のときの味つけを例にとっても、塩を入れすぎてしまうと、取り返しがつかない。しかし、足りなければ、あとで調節ができます。

徳川家康は、バランス感覚のある人でした。信長や秀吉ほどにはやりすぎず、うまくコントロールして幕藩体制を作っていきました。中庸を守って成功した人物です。

◎齋藤孝の「バランスの極意」
何事も完璧を目指すのでなく、ほどほどのラインまでやって次につなげよう。

偶然の力を味方に付ける

即《すなわ》ち人世《じんせ》の機阱《きせい》なり。（後集126）
――それは人の世に仕掛けられた落とし穴である。

恵まれた環境に甘んじない

「仕掛けられた落とし穴」というのは、面白い表現です。

たとえば、親が遺してくれた会社で、若いころから副社長や社長と呼ばれ、その気になっていたとします。これは自分の働きが認められたわけではなく、勘違いしている場合が多い。人生に仕掛けられた落とし穴に気づかなければなりません。

人生の機阱（落とし穴）は、あちらこちらにあります。いまのよい状況が、自分の正当な力なのかどうか、勘違いしてはいけないという戒めです。しかし、勘違いさえしなければ、よい状況はプラスに転じます。

「親がこれだけのものを遺してくれた。自分が成したものではないけれど、親に追いつくようにしなければ」

このような意識を持っている人は、勘違いが起きにくくなります。歌舞伎役者さんたちも、「先代の名に恥じぬように」と舞台に立ちます。たまたまその家に生まれてきましたが、優れた才能がある保証はありません。しかし、名前を襲名し、守っていくということになると、受け継いでいく覚悟が生まれます。

後継ぎの人には、それほどの優れた才能はないかもしれません。本当に家を継いで、組織のトップになるのにふさわしいか疑問に思うときもあります。しかし、何かの本で読んだ文章になるほどと思いました。

「家元というのは、ナンバーワンの能力はないかもしれない。でも、幼いころから努力すればナンバー2《ツー》や3《スリー》の実力はつくものだ。もっと優れた人は集団の中にいるかもしれないが、家を守っていくのが役割だと思えばよい」

歌舞伎役者や家元、企業にも世襲はあります。世襲が必ずしもよいとは限りません。プロ野球などは、世襲など存在しない厳しい世界です。しかし、世襲しなければ続かない家業というのも確かに存在します。

中小企業の何代目などは、大変な仕事だと思います。周囲は「親から受け継ぐものがあっていいじゃないか」と思うかもしれませんが、いきなり従業員を雇う立場になる苦しみは、はかり知れません。勤め人のほうがよほど楽な部分もあります。そして、自分の立場

自分の実力を冷静に把握すれば、落とし穴には落ちない

を勘違いしないようにやっていくことが重要です。

落とし穴にはまる人、はまらない人

落とし穴は、さまざまなところに存在します。大学でいえば、AO入試や自己推薦入試の合格者は落とし穴に直面していると言えます。一般入試では膨大な受験生がいますが、一点の差で不合格になる厳しい世界です。その試験を受けず、面接や小論文だけで入ってくる学生が増えています。

一般入試以外で入ってきた学生の中には「勘違いしないようにしたい」と言う人もいます。自分は、厳しい競争をくぐり抜けずに入学した。だから、学力が低いのを自覚してやっていきたい、と言います。こういう人は、落とし穴には落ちないタイプです。しかし、

いったん大学生になると、他の人と同じだと思う学生もいる。勘違いしていると、大学在学中の実力差は、歴然としてきます。

仕事にも落とし穴はあります。独立して成功する人と、失敗する人がいる。いままで仕事ができていたのは会社の力で、自分が仕事をとってきたわけではない、ということを意識しないまま独立すると、大変なことになります。その見きわめは重要です。

私の知り合いは大手の新聞社の記者でしたが、「名刺さえ出せば、どこへ行ってもそれが水戸黄門の印籠のように政治家と対等に話せた」と言っていました。しかし、別の会社に出向して営業に出向くと、名刺を出しても「どこの誰？」と言われるようになります。彼は「いままでは会社に支えられていた。頭を下げるようになって初めて、会社員の本当の苦労がわかるようになった」と言いました。そういう意味で彼は、落とし穴にはまらなかったと言えます。

人生には落とし穴もあれば、偶然の幸運もあります。私自身は大学院の先輩と飲みに行ったとき、たまたま明治大学に募集があることがわかって就職できました。そして、たまたま出版した本が二百数十万部のヒットとなった。これらを考えると、偶然が偶然を引き寄せているように思います。実力が出ていく前には、きっかけや縁も必要です。

ほとんどのことが偶然で成り立っているとわかるのも、人生の大事なポイントです。自分の周りに起きることを勘違いせず、偶然の力を味方にできるか。それが、落とし穴にはまらない秘訣だと思います。

◎齋藤孝の「バランスの極意」

実力以上の評価を得たときは、勘違いせずそれまで以上の努力をしよう。

決めるのはいつも自分

人生は原是《もとこ》れ一《いっ》の傀儡《かいらい》なり。（後集127）

――この世に生きている人間は、元来、一個の操《あやつ》り人形のようなものである。

何をするにも考え抜く

「世界は舞台、人は役者」

これは、シェイクスピアの戯曲に出てくる言葉です。この世は一つの舞台であって、男も女もみな役者である――。

そう思うと、人生は面白くなってきます。一番身近にいる家族でさえ、よく見れば意外に個性的です。私は、人間というのは「癖の集積」だと思っています。誰もが癖を持っている個性的な役者だと考えてみましょう。

役者たちの中には、自分で演技をしながら生きている人もいれば、操り人形になっている人もいます。どこが違うかというと、「主体性」です。自分の人生を自分で生きている

直観 ＋ 考え抜く ＝ 最強

納得できる人生にするには自分が決めてこそ

かどうか。自分を操る糸のつけ根は、自分でしっかり握っておかなければなりません。

つけ根を自分で握っていないと、人生の大切な場面で差が出てきます。特に大きな選択をするとき。学校を選ぶ、職業を選ぶ、結婚相手を選ぶとき、人に操られていると、とんでもない方向に行ってしまうことになります。

デカルト的なものの見方で、考えに考え抜いて選択したのであれば、失敗をしても悔いは残りません。ベストな選択ではないかもしれませんが、あらゆることを考え抜いたのであれば、その時点では他にやりようがなかったということです。

「決めたのは自分だ」と思っている人は、自分を操る糸が手の内にあります。しかし、親から言われるままだったり、なんとなく流されている人の糸は、自分の手から抜けています。「どうしてもっと、よく考えなかったのだろう」という後悔が押し寄せ、失敗を人のせいにすることもあります。

考えに考え抜くことは一つの方法ですが、サイコロを振って選択する人生もあります。「どちらにしようかな、天の神さまの言う通り！」「こっちに行こう。天の計らいだ」という歩み方です。人生の重大な場面でこのような選択をする人もいますが、できれば重大な場面では、考え抜く方法を選ぶといいと思います。

私がサイコロを振るのは、スイーツなどで迷うときです。飲み物はいつもコーヒーなので迷いませんが、スイーツはどれもおいしそうで迷ってしまいます。自分が食べたいものを選ぶと、たいてい似たものばかり選ぶことになり、スイーツの世界が広がりません（どうでもいいことですが）。だから「どれにしようかな」と天に任せ、選択するのです。

嫌な気分がしないほうへ行く

また、人生には「勘で動く」ことも必要です。考え抜いてもわからないときは、直感で動けばいい。そのとき注意するのは「嫌な気分がしないほうへ行く」ことです。嫌な気分は、危険のシグナルです。感覚的に「こっちのほうがよさそうだな」という方向を素直に選ぶことです。

玉袋筋太郎さんは、地方に行ったときには必ずスナックに入ると言っていました。「スナックに入れば、その土地がわかる」というのです。直感的に「この店はいい感じ」と思ったところに入ってみる。私もときどきやりますが、突然入った店で地元の人と会話できると、自分の人生を自分で生きている感じがしてきます。

ホテルのバーはどこも似ているので安心ですが、スナックでの出会いはリスクを伴うぶん、選択の価値があります。うまくすると、生きている実感を得る出会いもあります。飛び込んでみて勘を養っていると、だんだんその勘が研ぎ澄まされていきます。

考えてもわからないとき、体の声を聞く方法もあります。足がどちらに行きたがっているのか、視線がどこを見たがっているのか、体に聞いてみるのです。

女性が男性を選ぶときには、匂いで判断するそうです。どんな匂いを選ぶかというと、遺伝子が離れている人の匂いです。よく女の子が「お父さんは臭い」と嫌いますが、父親と結婚してはならないため、体が正しく反応しているのです。遺伝子は遠いものが一緒になったほうが優秀になる。人間も生物で、生物とは面白い選択をするものだと思います。

◎齋藤孝の「バランスの極意」

人生の大事な場面では、どんな選択方法であっても自分でしっかり選ぼう。

死を考え生きる

常に死を憂え病を慮《おもんぱか》らば、亦幻業《またげんぎょう》を消して道心《どうしん》を長《ちょう》ずべし。（後集23）
――人はいつも死ということを心配し、病気になったときのことを考えたならば、色欲や名誉や利益のようにはかないものに対する迷いの行為をなくして、道を求める心を育てるべきである。

死は自分でコントロールできない

「メメント・モリ」という言葉があります。「死を忘れるな」という意味ですが、人類にとって重要な言葉ベスト三に入ると思います。

最近私は、「みんな死ぬんだから、人に対して寛容でね」とか、「みんな死ぬんだから、上機嫌でね」というのが、みなさんに伝えたい大事なメッセージになっています。

死に目を背け、ごまかして生きる人もいるでしょう。ひたすら慌ただしく仕事をし続けて、死を考えることがない。忙しく過ごして気づいたときには倒れていた、という生き方

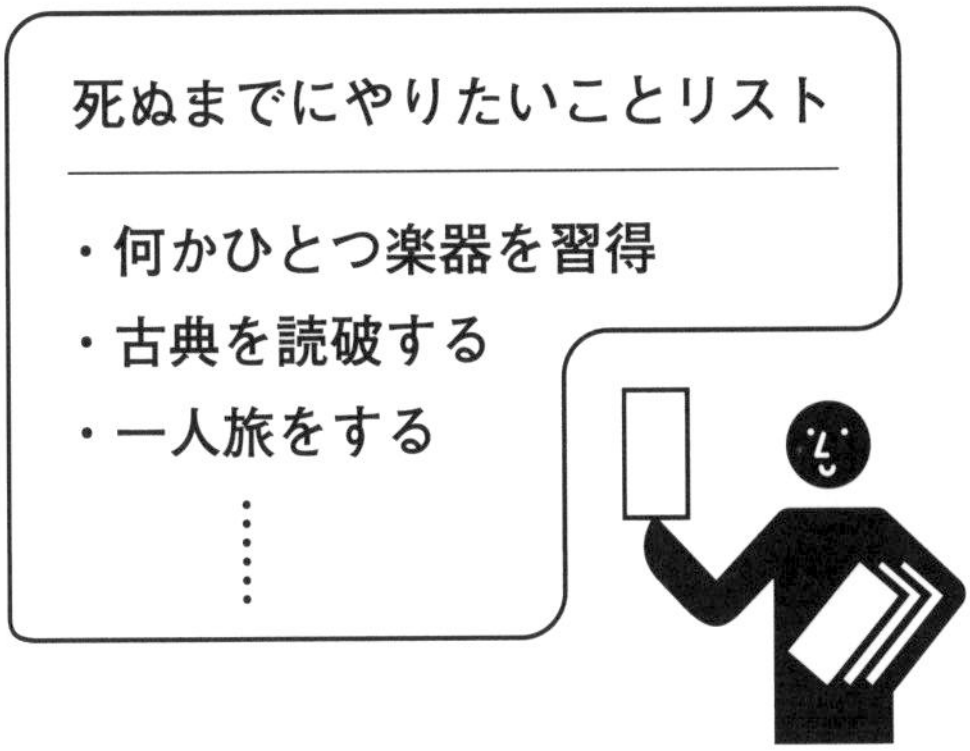
死ぬまでにやりたいことリスト
・何かひとつ楽器を習得
・古典を読破する
・一人旅をする
……

やりたいことをやって悔いなく生きよう

もあります。

ビートたけしさんは、よく口癖のように「どうせ、死んだら暇になるから」と言われます。死んだらゆっくりできるから、生きているうちはどんなに忙しくてもやりたいことをやる。休むのは死んだあとでいいそうです。亡くなった中村勘三郎さんも同じことを言っていたと聞きました。彼らは死に目を背けているのではなく、「いつ死ぬかわからないから、生きている間は常に全力でやりきっておこう」と思っている。死は自分ではコントロールできないからでしょう。

しかし、いつ死んでもいいと悔いのない人生を送っていても、本当に死を宣告されると人は変わります。勘三郎さんの追悼番組では、「余命三ヶ月の危険性があると聞いて、やっぱり変わった」と語っていました。最後にしなければならないことは何か、伝えるべきことは何かを、本気で考えたのではないでしょうか。

自分の死を生きる

人間関係論の学者である早坂泰次郎先生が、「dying」という言葉を翻訳するとき、非常に悩んだという話を聞いたことがあります。「死」に「ing」がついているのはおかしい。死にかけているのとは違うし、死んでいるというのは状態です。現在進行形になっているのはなぜなのか。早坂先生は考えに考え、「死を生きる」と訳したということでした

自分の死を生きる――。そういうことが実際にあると理解したのは、帯津良一先生が院長を務める帯津三敬病院に行ったときのことでした。末期がんの患者さんもいて、その人たちがとてもにこやかに過ごしておられました。「最期の時間をこうして充実させてもらえてありがたい」と言われます。その言葉の重みが、私の胸に迫りました。「一緒に写真を撮ってくださいますか」と言われたので、喜んで写真におさまりました。

帯津三敬病院では太極拳など東洋の身体技法を取り入れ、動く禅のような形で患者さんの気持ちを整えていました。免疫力を高める治療の一環です。その結果、治るのは難しくても死ぬまでしっかり生きて、死の間際にも心が動揺せず死を迎え入れることができるのだと聞きました。患者さんは有名人でも高僧でもありませんが、非常に尊い僧のような境

地になられています。これからの時代は「死を生きる最後の時間」が大事になってくるのではないかと思いました。

いつも死について考え、遺言状を書き直してばかりいるのも考えものですが、悔いがないように生きたいというのは誰もが思うことでしょう。今世は一回きりなので、やりたいことはやっておかなくてはなりません。

悔いなく生きるために、「今世でやっておきたいことはなんだろう?」と考え、書き出してみることをおすすめします。何か一つ楽器を習得しようとか、この本は読んでおこうとか、この土地に旅をしたいなど、書き出してみましょう。それを意識することが、死ぬまでの生をしっかり生きることにつながります。

哲学者ハイデッガーは、『存在と時間』の中で「本来的な生き方とは、死を覚悟し、自覚して臨むことだ」と言っています。人生は有限だからこそ、残りの時間を意識して生きるべきです。目を背けてごまかしながら過ごすのではない、本来的な生き方をしたいものです。

◎齋藤孝の「バランスの極意」

死ぬまでの時間を思い、人生でやっておきたいことを書き出してみよう。

第四章　生きやすくなる物の見方

習慣が体の一部になると気質に変わる

大巧《だいこう》は巧術《こうじゅつ》無し。（前集63）

――本当に巧妙な術を体得した人は、巧妙な術を見せるようなことはないものである。

小手先の技はいらない

本当にすごい人は、すごい技術がとても自然に見えます。最近『サービスの達人たち』（野地秩嘉、新潮文庫）という本を読んだのですが、ある高級車販売の営業ナンバーワンは、あまりおしゃべりな人ではないと書いてありました。そのかわり、相手の意思をゆっくり確認しながらきっちりと詰めていく。本当に営業がうまい人というのは、立て板に水のようにぺらぺら語る人ではなく、対話して相手の要望を聞き提案できる人。相手の思いを聞ける人が、上手な営業なのです。

また、うまい役者というのは「この人、うまいね」と思わせるようでは、いまひとつで

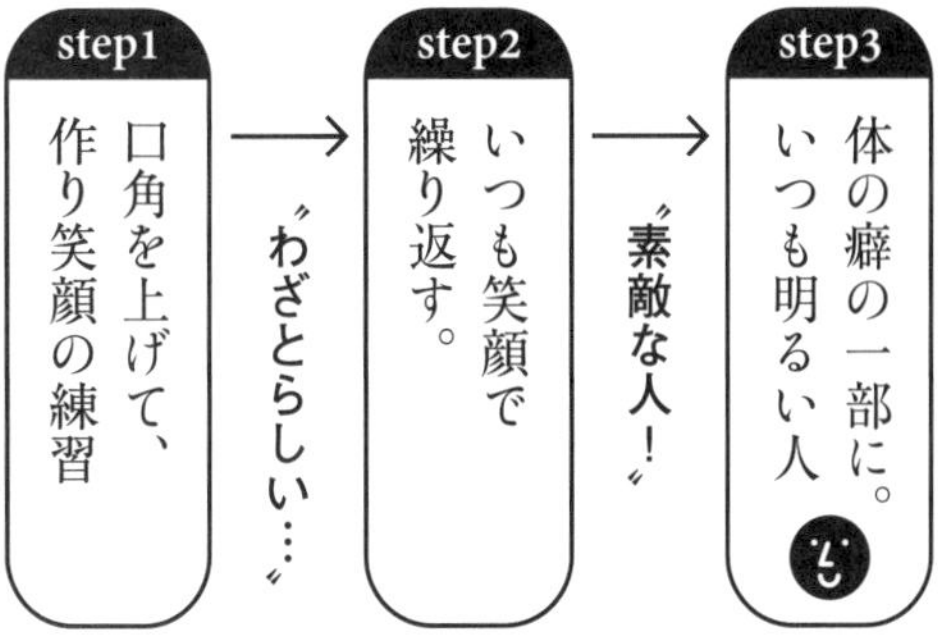

何度も繰り返すことによって“術”になる

す。「演技がうまいね」と思わせるのではなく、その役柄の人がそこにいるようにしか見えない人。意外に拙く見える人のほうが、存在感があるケースもあります。スターというのは、うまいばかりではなく、存在感があることを言うのです。

　術を使ってそれを見せるのは、まだまだ未熟です。本当に術を体得した人は、術だと見せずにそれを行います。むしろ術そのものが、人柄のようになっている。ほがらかに話すことを術とすれば、ほがらかな気質に見えるようになる。気質にまで持っていけたら強いのです。

　たとえば、笑顔を術とするため、口角を上げて作り笑顔を練習したとしましょう。最初はみんなにわざとらしい笑顔だと思われます。しかし、それが習慣となり、体の癖の一部となり、気質のように見えてくると、その人はいつも明るい人に見えてくる。笑顔の練習をきっかけに、技術の習得で人間は変わるのです。いきなり「笑顔が自然に浮かぶ人間になりましょう」というのは難しいけれど、口角を上げる笑い方の練習は、そこへ行くための近道です。

実際に口角を上げると、気分も明るくなると言われています。割り箸を横にして噛むだけで笑った感じになり、心が軽くなるという心理実験もあります。最初は不自然でも、練習して乗り越えると自然になるのです。完璧に身につけば術には見えません。そうすると、人間らしい豊かな雰囲気まで手に入れることができます。

まずは二週間やってみる

モテる人というのも同じだそうです。いかにもモテるためのセオリーを実践している人は周囲が引いてしまいます。モテるための髪型、モテるためのファッション、モテるための行動……。女性も敏感なので、「あいつはモテたい男」とばれてしまうようです。

本当にモテるのは、ナチュラルにしている人です。自然にモテの体験が身について、術に見せないということなのでしょう。

このプロセスは、「一度恥をかく」ことが必要です。術になりかけのときは、必ず恥をかくからです。たとえば、レストランに入り、女性と向かい合って注文をする。最初は誰だってぎこちないものです。ワイン選びも、フォークとナイフの使い方も、緊張することばかりです。しかし、そのうち慣れてくるとナチュラルにできるようになります。何事も上達のためには、恥をかく時期が必要です。

その時期を越えると、自然な動きができるようになります。学生たちを見ていると、「オレらはモテない」と口で言うばかりで、具体的な術を身につけようとしない「彼女いない軍団」が多すぎます。少しはおしゃれをしてみるとか、女性に話しかけるとか、さりげなくお茶でも飲むところから始めてみようと、私はいろいろ指導しています。

「彼女がいないまま、大学四年間が終わるぞ。このままでいいのか?」とけしかけ、「残り一年でがんばってみよう」と、術の訓練をさせるのです。実際に行動を起こすと、必ず少しは恥をかきます。しかし、たとえ忍者であっても、すいとんの術みたいなことが最初からできるわけではありません。ゴボゴボとおぼれたり、水を飲んだりして、訓練のプロセスでは恥をかいているはず。そして、経験値を上げていくわけです。

とりあえず女性に声をかけ、一緒にお茶を飲んで恥をかいてみる。恥を乗り越えたあたりで、彼女ができる兆しが見えてきます。経験値はとても大切で、それによって女性をよく知ることになり、円滑に事が進むようになります。

仕事の場合も経験値が大事です。経験を積んでいくときには術を意識します。やがて術に見えなくなり、無意識にできるようになればいい。たとえば新聞を読むこと一つでも、五〇代以上の男性は術になって、無意識にやっています。だから、新聞が近くにないと不安なのです。

術を身につけるには、二週間という単位がよいと思います。健康法でも、背伸び健康法、ロングブレスダイエット、骨盤ダイエットなどさまざまなものが流行っていますが、自分の身に合ったものかどうか、二週間くらい試してみるとわかってきます。それが自然になってきて、何かのときに無意識にできるようになると、自分の術になっている。二週間のお試し期間はおすすめです。

◎齋藤孝の「バランスの極意」

モテたいなら、恥をかくことを恐れないで。

「冷眼熱心」を持つ

熱鬧《ねつどう》の中《うち》に、一《いっ》の冷眼《れいげん》を着くる。
冷落《れいらく》の処《ところ》に、一の熱心を存《そん》す。（後集58）

――多事多忙なときに、それに流されないで一つの冷静な目をもって対処する。落ちぶれたときに、力を落とさないで一つの情熱をもって対処する。

忙しいときこそ冷静に

『冷静と情熱のあいだ』という小説と映画がありました。人を惹きつける上手なタイトルです。冷静と情熱はよくある言葉ですが、私たちはその間で生きている。この『菜根譚』は、まさに「その間」で生きる生き方が書かれています。

『菜根譚』の真骨頂は、極端の中にもう一つの極端が入ってくることです。陰陽の図のように、一方の中に一方が含まれて混ざり合っている。人生には、そのようなバランス感覚が必要だということなのです。

忙しいときに冷静な目を持って対処する。そうすると、苦しい思いを除くことができる。また、落ちぶれたときに力を落とさず情熱を持って対処する。そうすれば本当の心の味わいを得ることができる、と書かれています。忙しいことを「熱」と表現していますが、分子は熱すると運動が激しくなります。そのとき必要なのは冷静な目を持つことです。

中国の言葉は、概念的に二項対立がはっきりしています。熱く忙しいときに、「冷たい目を持とう」という表現も面白い。「忙しいときには冷静になりましょう」とか「気持ちを落ち着かせましょう」というのが、ふつうの感覚です。

しかし、ここに出てくるのは冷たい目と熱い心です。せっかくなので「**冷眼熱心**《れいがんねっしん》」という、四文字熟語にして覚えましょう。忙しいときには冷静な目を持つ。そして、苦しいときや落ち込んだときには熱い心をあえて持つ。『菜根譚』から生まれた四文字熟語として覚えていただきたい。

この際、手帳にも「冷眼熱心」と書いておきましょう。「冷静と情熱のあいだ」というのもいいのですが、「冷眼熱心」のほうがパシッと決まります。なぜなら冷静な目は身体感覚であり、物を対象化する能力です。距離をもって物を見るということです。

状況や日によって使い分ける

熱い心があるとき、眼は冷静に――。

「冷眼熱心」でバランスのとれた生活を

熱い心と冷静な目を両立させ、状況によって使い分けていきましょう。忙しいときに熱い心だけではバランスが悪くなります。私は、授業をするときは熱い心でライブのように行い、本を書くときはパッションがありながら冷静な論理的能力を使っています。

一日の内でも「冷眼熱心」の使い分けはできます。今夜の飲み会では冷静さを忘れて熱い心だけでやろう。大事な会議のときには失言しないように、ある程度の冷静さと穏やかさを持ってやろう。

このように意識して暮らしていると、自分の中でもよいバランスがとれていきます。自分の内側に「冷眼熱心」の両方を持ち、一日のうちでも使い分けてほしいと思います。

◎齋藤孝の「バランスの極意」

手帳に「冷眼熱心」と書き、冷静さと情熱とを同居させよう。

違和感には敏感に

一《ひと》たび起《おこ》らば便ち覚《さと》り、一たび覚らば便ち転ず。禍《わざわい》を転じて福と為し、死を起《おこ》して生を回《かえ》すの関頭《かんとう》なり。（前集87）

――いったん心の動きが起こったら、ただちにその是非を判断し、いったんその心が悪いほうに向かっているとわかったならば、ただちに良い方向へ向かわせるのである。これが禍いを転じて福となし、死をひるがえして生き返らせることもできる絶好の機会である。

直感を信じろ

欲に向かって心が走りそうになったとき、気づいたらスッと引き返せ、と書かれています。悪い方向だと気づいたら行きすぎてはいけない。最初なら傷は浅くてすみます。

悪い方向にずるずる進むのは、ギャンブルでもよくあります。負けると、それを取り返そうとして一層つぎ込む。さらに取り返そうとするあまり、どんどんつぎ込んで悲惨なことになっていきます。これがギャンブルの罠です。

「今日はついていないな」と思ったら、すぐに切り上げること。マイナスだと思ったときにはすぐに手を引かなければなりません。

人はどうしても、慣性の法則に従う傾向があります。慣性の法則とは、一回カーンと振り子を動かすと、摩擦がなければ同じ速さで永遠に運動を続けるということ。ニュートンが発見したものです。私たちは一度始めると、なかなかやめる決心がつかなくなるときがあります。

「違和感センサー」はとても重要です。しかし、最初のころしか違和感センサーは働きません。「オレオレ詐欺」被害に遭った人の半分くらいは、「最初はおかしいと思った」と言うそうです。それなのに、相手の話を聞き始めてしまうと、違和感センサーが働かなくなる。相手もプロなので、ガンガン心の中に入り込んできます。新興宗教などのマインドコントロールも同じこと。「最初はちょっとおかしいな」と思っても、一度はまってしまうとなかなか抜け出せません。

人間の心というのは、どんなものにも慣れていきます。ユダヤ人を大虐殺したホロコーストも、それを行っていたドイツ人全員がおかしくなっていたかというと、そうではありませんでした。大虐殺をする一方で、クラシック音楽を聴いたり、芸術を味わったりしていたという話があります。人間としての心を失っていたわけではなかったのです。

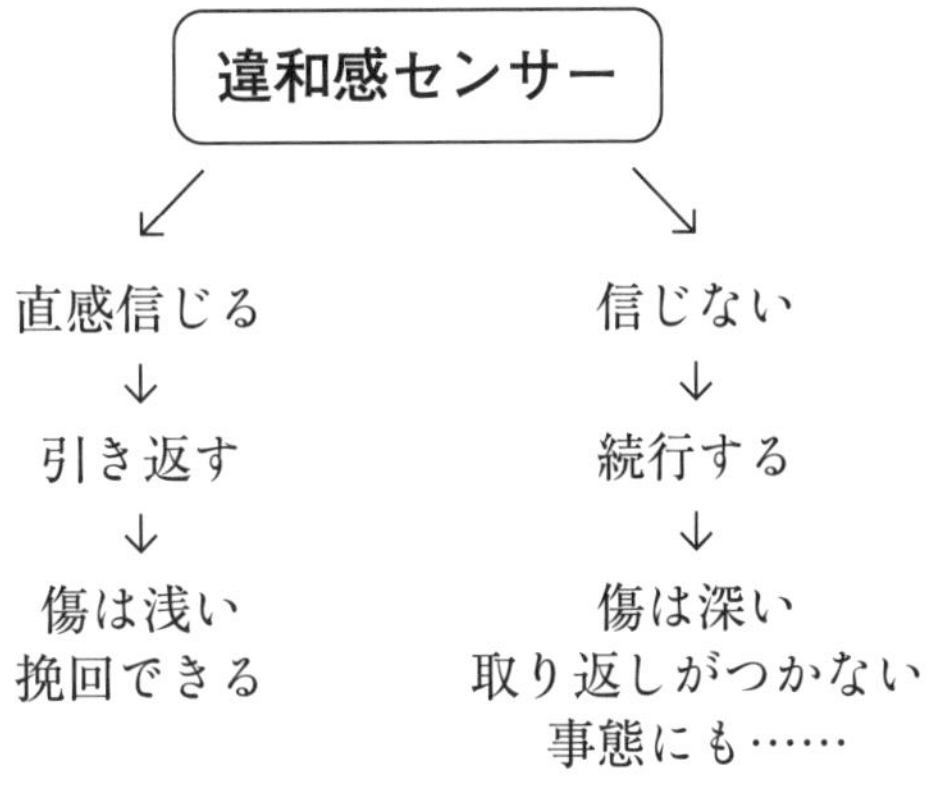

違和感には素直に従おう

ドイツ人に対しては人の心を持っているのに、ユダヤ人は人間だと思っていなかった。人は、慣れてしまうとなんでもやってしまう怖さがあります。よいことも悪いことも、慣性の法則に乗りがちです。

相手の人間性は変わらない

　違和感を抱いたときには、判断することが必要です。「これはどうなんだ?」と考え、よくないと思ったらさっさと引き返す。そうすれば、「禍を転じて福となす」ことができます。マイナスがあったとしても、気づいて修正したおかげで、福がやってきます。

「これくらいで気づいてよかったね」という経験は、誰にでもあるのではないでしょうか。小さい買い物で失敗したら、「これくらいでよかったね、大きな買い物をするときには気をつけようね」。また、よくない人と付き合おうとしていたことがわかり、「深入りしなくてよかった」ということもあります。

非常に難しい問題ですが、付き合い始めて男女の関係になったために、ストーカーにつながるケースがあります。しかし本当は、深い関係になる前に「おかしい」と感じるセンサーが働いていたはずなのです。深い関係になると引き返せなくなる。間違いが小さいうちに引き返すことが、人間関係では特に大事です。

DV（ドメスティック・バイオレンス）の場合もそうですが、相手の人間性が変わることをあまり期待してはいけません。人間は、ちょっとやそっとでは変わらないものだからです。尼崎で鬼のような女が多くの人を巻き込んだ殺人事件がありましたが、中学時代の同級生が「当時からやっていることは同じだった」と証言しました。男を引き連れては誰かを脅す、ということを中学時代からやっていたのです。

それくらい、人は変えようと思っても変えられない部分を持っています。事件の被害者は、脅されたり家を乗っ取られたりひどいことをされているのに、警察にも言えず黙っていました。こういう事件は、最初に防御しなければダメなのです。関係が深くなるとどうしても防御できなくなる。だから、違和感があった相手からは、早いうちに距離をとる、逃げる、避ける、に尽きます。

職場の上司などの場合、違和感があっても逃げられないと思うかもしれません。しかし、仕事というのは付き合う範囲が決まっているし、ある程度の距離はとれるはずです。我慢していればいつかは異動もあるでしょう。全面的に距離をとると空気が悪くなるので、挨拶や仕事はしっかりして、意識的に距離を置く。

「死を起して生を回す」というのは、危機的な状況があったとき、それをチャンスにして生を取り返すこと。「起死回生」という四文字熟語がまさにこれです。訓読みでは、死を起こして生を回す、と読むのです。

◎齋藤孝の「バランスの極意」
何か違うと感じたら、逃げるが勝ち。

疲れているときには判断しない

一念にして鬼神の禁を犯し、一言《いちげん》にして天地の和を傷《やぶ》り、一事《いちじ》にして子孫の禍を釀《かも》す者有り。（前集152）

――ふとした邪念が神の掟《おきて》を犯し、ちょっとしたひと言が世界の平和を破り、なんでもないような事柄が禍を子孫にまで及ぼすことにもなるということがある。

一時の気のゆるみには要注意

一念というのは、ささいな邪念ということです。うっかりした失言で消えていった大臣は数知れません。政治家はほんのささいなひと言が命取りになります。そこまで上り詰めるには大変な苦労があったと思いますが、そのために二度と当選しなくなることもあるのです。

痴漢という犯罪も、社会的な信用をすべて失ってしまうことになります。冤罪もあるので一概には言えませんが、ふとした気の迷いや、お酒のはずみ、ということがあります。

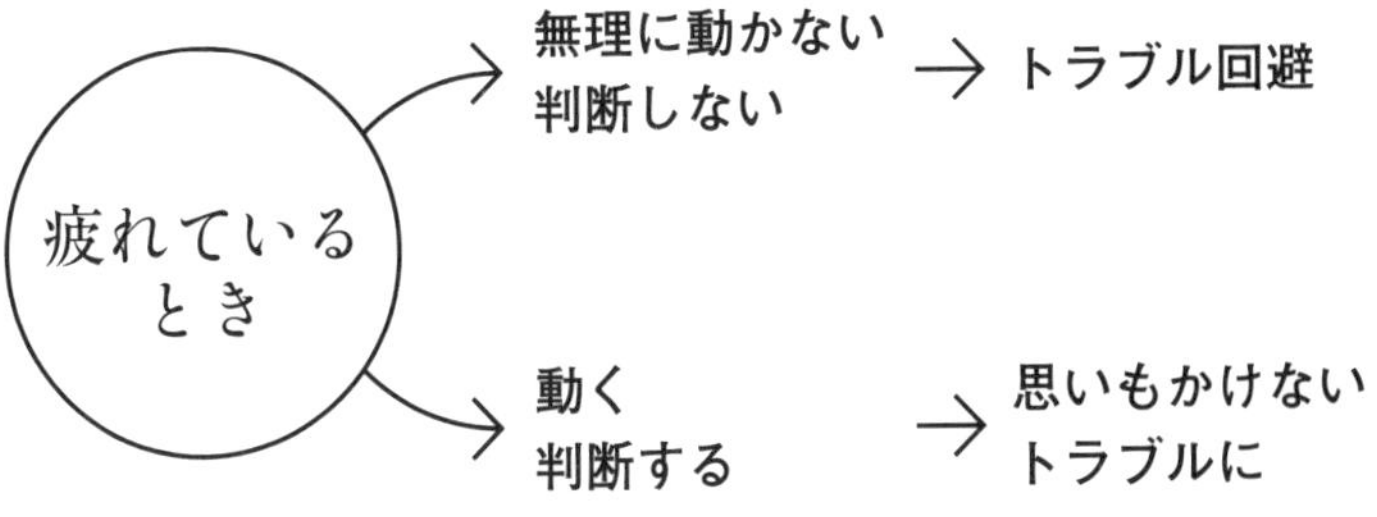

信用を失うのは一瞬、と肝に命じよう

これは意識がゆるんでしまったときです。間違いをなくすためには、疲れすぎていると判断力を失うと、知ることです。

　疲れているときには、判断をしない。とりあえず黙っておく。安請け合いはしない。妙な行動をとらない。しかし、人は不思議なことに疲れているときほどいろいろなことをしたくなるものです。

　私も疲れて朦朧としているときに、高い絵を買ってしまったことがあります。朦朧としているから相手につかまる。話しているうちに「いいかな」と思い、「どうですか？」と言われて買ってしまいました。当時はお金を持っていなかったので、その後大変なことになってしまいました。朦朧としていると、ふだんは動かない自分の気持ちが、動くことがあるのです。

また、以前は酒の上でのことなら甘く見てもらえる雰囲気がありましたが、いまは通用しにくくなっています。「お酒を飲んでいたって、それはパワハラです。セクハラです」と言われればアウトになってしまう。パワハラやセクハラは、「相手がそうだと思えばそれはすべてアウト」という定義で、基準がはっきりしないので、危険領域が曖昧です。

たとえば私の授業で谷崎潤一郎の小説をテキストにしたとします。それが少し色っぽい表現を含んでいたとしましょう。これも学生が嫌だと思ったらアウトなのだそうです。文学者だから、文学作品だから守られるということはなく、相手がセクハラだと思えばセクハラになると聞き、これはうかうか授業もできないし、お酒を飲むこともできないと思いました。

電車の中でも、痴漢に間違われないように必死に手を上げている男性も増えています。難しい時代に入っていますが、確かにいままでの社会は、パワハラやセクハラが横行していた節があります。社会の意識が変わりつつある移行期としては細やかに気をつけなくてはなりません。

「一言にして天地の和を傷り」という言葉もそうです。

言葉の重みを意識する

ツイッターに書いたひと言が、顰蹙をかい、ひどい攻撃を受けることもあります。いまはその人の身元まですぐに明らかにされてしまいます。ネット社会の怖さは、その影響が増幅するようになったこと。芸能人や有名人だけでなく、一般の人のリスクも大きくなっています。

たとえば、ホテルの従業員が「○○さんがうちのホテルに来た」とツイッターでばらせば、職を失うこともある。なにげない言葉について、誰もが細心の注意をしなければなりません。これは、ここ十年ほどで一気に加速した空気です。テレビ局も、出演者の発言に対して敏感になっており、以前ののんびりした空気が懐かしいほどです。

難しい時代ではありますが、この空気の中で言いたいことを言う技術を磨いていかなければなりません。非常に難しいドライビングテクニックが要求されています。田舎の一本道を走っているのではなく、あちこちから車が突っ込んでくるのを、上手によけながら走るのです。言葉が重みを増している時代だと思います。

◎齋藤孝の「バランスの極意」

疲れているときは、判断をせずおとなしくしていよう。

世間バランスを磨く

我に如《し》かざるの人を思わば、則《すなわ》ち怨尤《えんゆう》自《おの》ずから消えん。（前集213）

――自分には及ばないような人のことを思えば、自分の逆境を恨み咎める心は自然に消えてしまうであろう。

イライラしたときには過去の自分を思い出す

「友がみなわれよりえらく見ゆる日よ　花を買ひ来て妻としたしむ」

と詠んだのは、石川啄木です。啄木の場合は「みんなが自分より優れていると思うときは、家に帰ってきてフーッと力を抜いて、妻と花を愛でる」という思いになっていました。

私の場合は辛く死んでしまいたい、などということはまったくないのですが、何もかもが面倒になるときがあります。さまざまな雑用をしながら生きている自分がとても面倒で、イライラしてくるのです。とりわけ仕事がうまく流れていないと、「なぜ、世の中にはこんなに仕事が下手な人がいるのだろう」と、つい思ってしまいます。スポーツの世界では上手下手がはっきりしていますが、仕事にも上手下手があると思います。

イライラしているときには、もっと大変だったときのことを思い出します。誰かを思い出すというよりも、仕事のチャンスさえなかったときの自分を思い出します。そうして「仕事の流れが多少滞ったくらいで、何をこんなにあくせくしているのだろう」と気持ちを落ち着かせます。

「如かざる」というのは、自分には及ばない、チャンスが少ない、力がない人のことですが「いまの自分はこれだけのことができているから十分ではないか」と心を休めるのです。

芸能ニュースは恰好の教科書

とはいえ私は、人のスキャンダルや事件を見るのも好きです。気が重くなってくると、ネットのニュースなどでスキャンダルを起こしている人のことを見ます。下世話なようですが、芸能人のスキャンダルや事件は、非常に世の中のためになっていると思うときがあります。

ネットニュースのコメント欄には、罵倒するようなひどいものもあれば、かばうようなものもあり、たくさんの書き込みがあります。それぞれの意見を読んでいると、そこには「世間」がある。いまの時代、世間は喪失していると言われますが、ネット上にはそれなりの世間が構築されています。芸能ニュースなどをまめにチェックすることで、世間感覚を磨いているところが、私にはあります。

この文のあとには、「我より勝れるの人を思わば、則ち精神自ずから奮わん」とあります。自分より優れている人を思えば、心は自然と奮い立つということです。

たとえば、ノーベル生理学・医学賞を受賞した山中伸弥教授が、授賞後に「私にとってノーベル賞は過去形です」と言われたのを見て、「カッコよすぎる」と思いました。ノーベル賞を授賞するような人は、そもそも自分と競争する領域にはありません。イチローのようなケタ違いのアスリートを見る感覚です。

そんな山中先生も、若いころは手術が下手で「じゃま中」などと呼ばれていた。苦労をしてチームでここまで業績を上げ、その中でスターとして最先端の研究を牽引してきました。誰もがあこがれる優れたスターの存在は重要です。その人ががんばっていて、「ノーベル賞は過去形だ」と言いながら、まだまだ先に向かっていこうとしているならば、自分もやらなければと思う。心を奮い立たせることができます。

上も下も見て刺激を受ける

私はスキャンダルも、ノーベル賞などすごい人のニュースも、ネットやテレビでよく見て、素直な感想を会う人ごとに話すようにしています。「この間のスキャンダルはひどかったね、怖いなあ」とか、「山中先生は、どうしてあんなにカッコいいのだろう」とか。

いろいろな立場の人を見て刺激を受けよう

スポーツ選手にも、怪我をして不振が続いたり、かと思えばすばらしい成績を残したりと、浮き沈みがあります。私がスポーツを好きなのは、浮き沈みがあるからです。サッカーの香川真司選手だって、マンチェスター・ユナイテッドというビッグクラブに行ったと思ったら怪我をしました。それでもまた、復活というドラマが生まれます。

毎年、プロ野球の戦力外通告を受けた人を、追いかけたドキュメンタリー番組をやっています。どの人にもたいてい子どもがいて家族がいる。お父さんが戦力外通告を受けるというのは、家族にとっても本当に困るでしょう。それでもプロスポーツの世界は、華やかな場所から去っていかなくてはならないときが来ます。番組を見ていると、「自分はまだ戦力外通告を受けていないだけいい」とか「戦力外通告を受けても大丈夫なように、心の準備をしておかなければ」と、心が定まってきます。

いまの時代は、こうしたドキュメンタリーなどを、よい意味で活用できます。「人と自分を比べるな」という意見もあるかもしれませんが、どうせ比べるのなら、上を見たり下を見たりしてたくさんの刺激を受けたほうがいい。「まだまだ自分は大丈夫」とか、「がんばって働こう」とか、その日の気分によって見る人を変えながら生きていく。とても実用的なアドバイスだと思います。

◎齋藤孝の「バランスの極意」

ワイドショーなどのネタを日々チェックし、感想を人に語ろう。

清濁あわせのむ器を持とう

水の清《す》めるは、常に魚《うお》無《な》し。（前集77）
——きれいすぎる水には、いつも魚はいない。

不寛容さは自分を苦しめる

「清濁あわせのむ」という言葉もあるように、これは大事な感覚です。清いものしか受けつけない人は、いろいろなことを許せず、心が狭くなるからです。

最近、インターネット上でも「許せない」という発言をする人が多いことが、とても気になります。自分に直接の大きな損害もないのに「許せない」という強い言葉を使うのはどうでしょうか。その不寛容な態度が、世の中を住みづらくするように思うのです。

たとえば公共の乗り物で赤ちゃんが泣いているとき、どうにか静かにさせたいけれど、限界があります。みんなかつては赤ちゃんだったわけだし、うるさいなと思いながらも我慢をするのがふつうの感覚です。しかし、静かでないと耐えられない、自分の快適な環境を侵されたくないという人が、最近は本当に増えています。この少子化の時代に、お母さんたちはますます辛くなり、子育てをしにくい環境となっているのです。

また、イヤホンをしたまま道を歩く人も多くいます。注意力が散漫になり、人にぶつかってもひと言も謝らない。自分はいいのかもしれませんが、そんな人が増え続けると、どれほど変な社会になることでしょう。

自分の快適空間を、どこでも実現しようとするのは無理があります。多少のことは仕方ないと目をつぶったほうがいい。社会の迷惑になることや、ルール違反は整えるべきですが、そうでなければ「濁った水」くらいがちょうどいいのです。

現代病と言われるアレルギーも、雑菌に強い体を作らないと、ますますひどくなると言われます。清潔すぎる生活は、雑菌慣れできません。私は『雑菌主義宣言！』（文藝春秋）という本を出したことがありますが、雑菌や、わずらわしいことや、不愉快なものに慣れていくことは、実はとても大事。そうでないと、いちいち神経が過敏に反応してしまうからです。

最近、若い男子が「電車のつり革につかまれない」「トイレのふたも紙で持って開く」と言っているのを聞きました。伝染病などが起きていた時代ならまだしも、これほど衛生的になった時代に何を言っているのでしょう。結婚できない男性の中には、潔癖すぎる人や、きれい好きな人が多くいる気がします。多少の雑なものに耐え、清濁あわせのむ器が

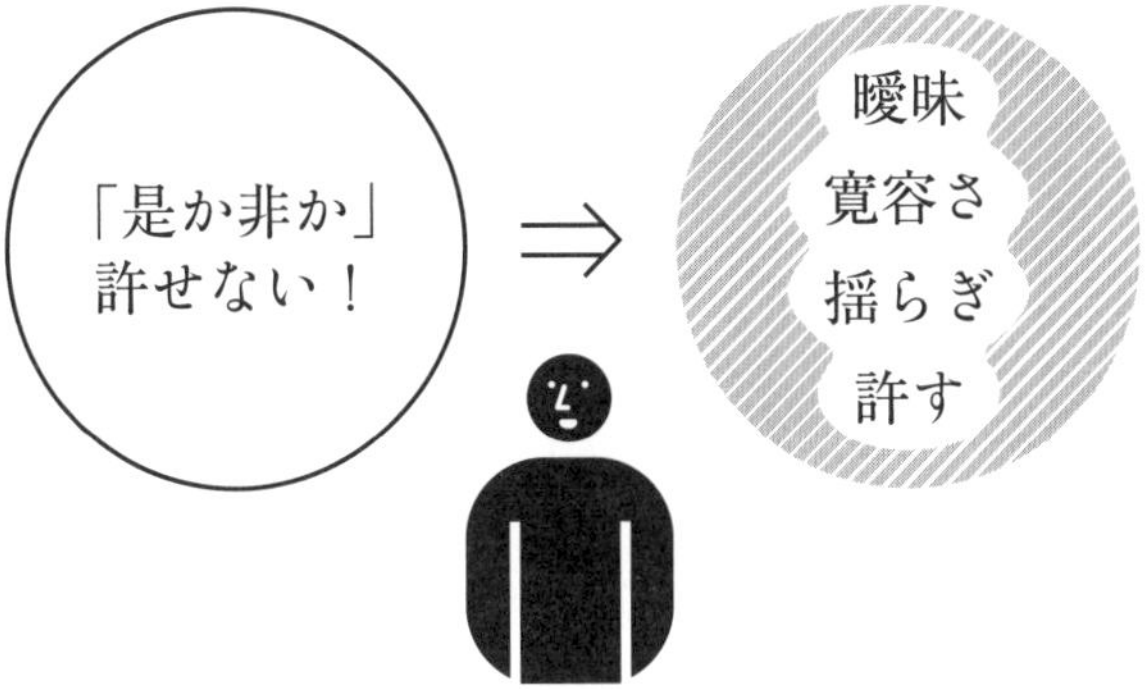

多少のグレー部分は必要

ないと、他人も寄り付かなくなります。

人間関係にはグレーの部分が必要

また、「いい」「悪い」を常にはっきりさせて厳しく批判する人も、人が寄り付かなくなっていきます。はっきり言うのはいいことですが、少しゆるめてグレーでもOKにしておかないと、人間関係がギシギシと不協和音を立てます。

アメリカ的な会社では、業績を上げれば給料はポンと上がります。でも次の瞬間に「クビだ」と言い渡されることもある。そう言われたら段ボールに荷物を詰めて、すぐさま会社を出ていかなくてはなりません。アメリカのドラマを見ていて、あまりにもそういうシーンが多いのでアメリカに住む知人に「本当にそうなの？」と聞いたら「そうだよ」と言われて驚きました。自分がそういう環境に置かれたら……と思うと、殺伐とした気分になります。

日本の社会は、アメリカのようになりたいのでしょうか。私はアメリカ社会を、必ずしもいいとは思っていません。日本人には日本人の気質があり、それに合った相互互助的な社会を作ってきた。能力が低いからといって、すぐにクビにしないのが、昭和の会社でした。余裕があったとも言えますが、いまだって日本人の気質はそう変わっていないでしょう。多少給料が下がっても能力の低い人も一緒にやっていこうと思わなければ、安心した生活は送れません。あまりに厳しい成果主義は、会社全体を乾いた空気にしてしまいます。

多少の曖昧さを残しておくのも大事なこと。それがゆらぎであり、日本社会のよさでもあります。ゆらぎがない社会は、柔軟性を欠いて狭くなります。

◎齋藤孝の「バランスの極意」

世の中にはいろんな人がそれぞれの理由で生きていると理解しよう。

視点が違えば見方が変わる

悪《あく》を聞きては、就《そのまま》には悪《にく》むべからず。
善を聞きては、急には親しむべからず。（前集206）

――人の悪事を聞いて、そのまま鵜呑みにしてその人を憎むようなことをしてはいけない。人の善行を聞いたからといって、急にその人に近づき親しむようなことをしてはいけない。

片方の言い分だけでは真実はわからない

私は、よくネットショップのレビューを読みます。同じ商品でも、星一つの評価があれば、星五つの評価もある。どちらのレビューも見ておくことで、「この見方ならこう見える」「こちら側からはこう見える」とわかります。

肝心なのは、そのものがどうかというよりも、どちらの側から見ているかです。そこに各人の観点や趣味や必要性も加わります。映画で、ぼろくそなレビューを書いている人がいますが、ヨーロッパ映画が好きな人は、『踊る大捜査線』など映画だと思っていません。一方では大絶賛する人もいます。趣味が合う人、感覚が合う人を探し、何を見ればいいか判断すればいいのです。

うわさというのは、いいうわさも悪いうわさも、どちらも正しいし、どちらも違うと言えます。なぜなら、感じる人の視点によって違うからです。レビューのコメントも、批評をする人の視点や趣味を見通すことができれば、内容を汲み取ることができる。悪口ばかり言っている人が、また悪口を言っているようなら信用しなければいいし、「この人が言う悪口なら信用できる」と、推察することもできます。バランス感覚を持ち、レビューを読み込むことが必要です。

私は、若い人が上司の文句を言っているのを聞くと「もしかしたら、その上司はちゃんとした人かもしれない」と思うことがあります。その人物の視点や経験を見ていくと、悪口を聞いてもよさが見えてくることがあるし、客観性を持って聞くことができます。

一方で、よいうわさを聞いて急に親しんでしまうと、ミスを犯すことがあります。たとえば友人から頼まれてブログに乗せたら、それがステルスマーケティング（商品広告だとわからないように宣伝すること）で詐欺的商法とつながっていた、ということだってあるのです。

「いいよ、いいよ」と受け入れ安請け合いをすると、ネズミ講的なものにひっかかりやす

うわさに惑わされず、自分の目を信じよう

い。特に「儲かる」という話は危険です。安易に儲かる話をする人は「急には親しむべからず」です。

うわさ話をそのまま信じてはいけないというのは、男女問題でもよくあることでしょう。奥さん側だけの話を聞いていると「ひどい夫だ」と思いますが、夫に話を聞いてみると「なるほど、いろいろあるのだな」と気づきます。弁護士は片方の言い分だけを聞きますが、裁判官的ポジションになるなら双方の言い分を聞かなければわかりません。

うわさ話はリスク管理の一つ

シェイクスピアの『オセロー』では、イアーゴがオセローを陥れるため、妻のデズデモーナが浮気をしていることを匂わせました。するとオセローは怒り狂って妻を殺してしまいます。そうなったらもう、後の祭り。当のデズデモーナの話を聞かず、オセローはイアーゴの悪いささやきを信じてしまったのです。イアーゴのように「あの人はあなたのことを悪く言っていた」と近づいてくる人に、引っかかってはなりません。

ただ、組織の上に立つ人にとっては、讒言《ざんげん》も重要な場合があります。自分にとってよいことばかりでなく、マイナスの情報も取り上げてくれる人間を信頼し、周りに置くことが必要でしょう。よい話ばかり聞いて安心していると、足元をすくわれます。

いまの会社経営は、ひと昔前とはずいぶん変わってきています。マイナスの情報がないのは、透明性が低いということ。内部告発もあるため、悪い情報をつかんでいないと危険です。マイナス面を吸い上げていくことも上層部の役目。器が大きいという以前に、リスク管理が必要です。

◎齋藤孝の「バランスの極意」

レビューを見て見方を柔軟に。誰が言っていることも参考になる。それぞれの立場で考え方が違うだけ。

心が伝わる〝拙さ〟

文は拙《せつ》を以《もっ》て進み、道は拙を以て成《な》る。一《いっ》の拙の字に無限の意味有り。（後集93）

――文章は拙を守ることによって進歩し、道徳は拙を守ることによって成就する。この拙という一字には、無限の意味や味わいがある。

どこかに破れがあると深みが増す

「拙の字に無限の意味有り」とは、ぐっとくる言葉です。

私が拙の字で思い出すのは、鈴木大拙《だいせつ》という仏教学者です。世界に禅を発信した人で、日本といえば「禅」と言われるほどになったのは、鈴木先生が英文で紹介してくださったからでした。この人の名前が「大拙」ということにも意味を感じます。

「拙」という字に無限の意味があるとは、ふつうはなかなか思いません。拙とは「つたない」という言葉だからです。

しかし、拙のよさを感じる場面は、意外に多くあります。たとえば、売るために作られたのではない農作物が素朴な味であるように、拙の要素がどこかにあると、味わいが出てきます。また「NHKのど自慢」で聞く歌には、素人だからこそ入っている心があります。なぜあの番組がこんなにも続くかというと、素朴な拙のよさがにじみ出ているからです。うまい人もいるけれど、最後に歌うプロの歌はやはり別物です。ピカソの描く絵は晩年、子どもの絵のような作品になっていきましたが、そこには素朴な勢いがありました。

このように、拙の字に無限の意味があるというのは、本当だと思います。何かを始めたばかりの人は新鮮な感性が拙となって表れるし、慣れが出てきてうまくなると面白くなくなるということがあります。うまくなっても、どこかに破れを作るのが大事だと思います。

拙さは人を感動させる

私の授業は、学生が発した言葉から、授業のテーマを見つけて進めていきます。なぜなら、自分が用意したものだけでやると、整いすぎるからです。そこでは自分が予想した範疇のことしか起きません。同じことを反復してしまう恐れがあり発展が少ないので、できるだけ偶発的に起こったことや、誰かが発した言葉でテーマを変えていきます。

そうすると、自分でも予測がつかない展開になることがあります。長くやっていると整いすぎて、「巧」であるがゆえの伸びのなさがある。粗削りな学生たちの「拙」を取り入

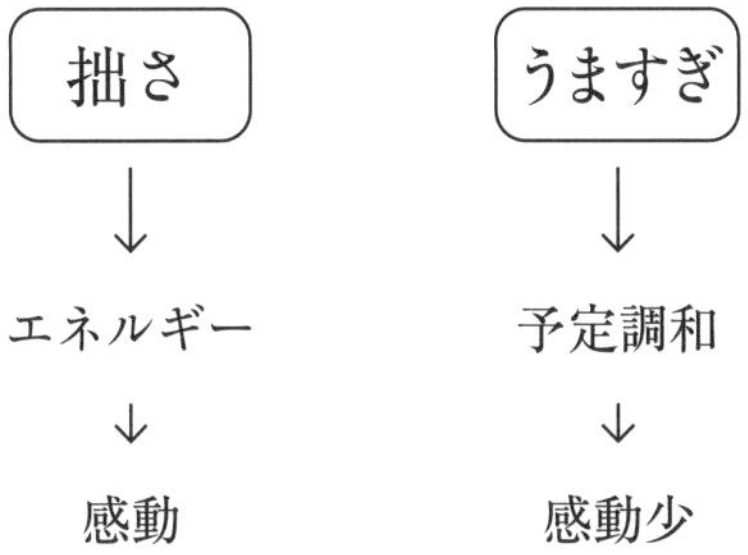

自分も人も感動させるには、拙さが必要

れていくことで、荒々しい勢いが加わっていくのです。

拙はエネルギーのもとであり、技巧では得られない素朴さがある。それは、人の心を震わせるほどの力を持っています。たとえば小学校二、三年生の書く読書感想文には、とてもいいものがあります。しかし、高校生くらいの読書感想文は残念なものが多い。パターンで書いてしまうことがあるので、心がなかなか感じられません。

絵や歌の場合は、上手下手よりも、心が伝わるかどうかが本物を見きわめる秘訣です。ゴッホや棟方志功の絵を見て、上手とか下手とは誰も言わないでしょう。しかし彼らの絵には、拙の要素があります。あの荒々しさは技巧的なものを超えているすごさがあります。

◎齋藤孝の「バランスの極意」

長く続けてうまくなったものには、適度な「破れ」を加えよう。

家族と技は身を助ける

逆境の中《うち》に居《お》らば、周身《しゅうしん》皆鍼砭薬石《しんぺんやくせき》にして、節を砥ぎ行いを礪《みが》くも、而《しか》も覚《さと》らず。順境の内に処らば、満前《まんぜん》尽《ことごと》く兵刃戈矛《へいじんかぼう》にして、膏《こう》を銷《と》かし骨を靡《へ》らすも、而も知らず。（前集100）

――人間は逆境にいるときは、身の周りがすべて鍼や薬のようなものであり、その逆境によってけじめを磨き、行為が研ぎすまされているのに、しかも自分ではそのことがわからない。これに対し、人間は順境にいるときは、目の前がすべて刀や鉾のようなものであり、一見順境に見えるようなことによって身体は解かされ、骨身も削られているのに自分ではそのことに気づかない。

逆境が自分を磨く

逆境の中に順境があり、順境の中に逆境があります。

逆境というのは、悪いことのように思えますが、実際は周囲のものすべてが鍼や薬になると書かれています。鍼も薬も体を治すもの。その人の欠点や短所にすばらしい効果を発揮し、ピンポイントでツボをおさえます。

逆境のときは、自分の弱点が明らかになります。精神力が弱い、アイデアがわかない、人間関係が手薄だ……。これらの弱点を突きつけられるのは辛いものですが、知ることが鍼や薬になるのです。そして自分を磨くことができる。多くの人はそれに気づきませんが、ただ打ちひしがれているだけではもったいない。逆境こそが、自分を磨いてくれると考えましょう。

順境のときこそ弱点を直すチャンス

一方、順境でうまくいっているときは、自分の周囲すべてが刀や鉾のようなものだと書かれています。そして、鋭い刃物で骨身が削られていることに気づきません。

ある男性タレントが「オレはビッグだ！」と発言し、マスコミから総スカンをくったことがありました。調子に乗ったとき、最大級に調子に乗った発言をして、仕事が激減したのです。調子に乗ったときほど、何かしらの危機が迫っていると考えるべきでしょう。調子に乗りすぎると、自分の欠点に気づかず、落とし穴にはまることがよくあるからです。

野球のピッチャーがパーフェクトゲームをするときは、案外調子がよくないときのこと

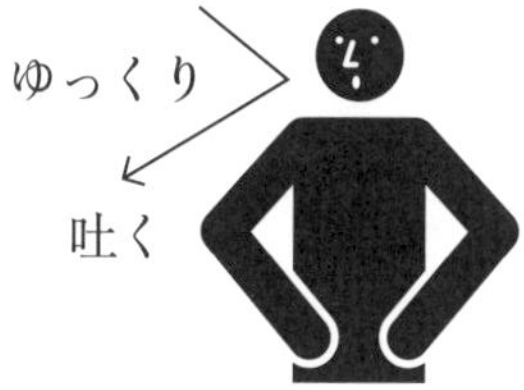

臍下丹田を意識して呼吸を整えよう

が多い。調子がよすぎると、イケイケドンドンと強気になりすぎ、ぽかっとミスをすることがあるからです。スポーツの世界記録も同じで、アスリートの調子がいまひとつのときに記録が出る。逆に調子がよすぎるときは、ミスを犯しがちです。順境にあるときは、意識がゆるむのかもしれません。

人生においても、調子がよくて周りからほめられているときこそ、自分の欠点を直しておくのは重要な考え方です。うまくいっているときは、周囲の目がいいところに集まっている。その間に、自分の弱点を直しておこうと思えば、この言葉も役に立ちます。

また、逆境に立たされたときは、周囲の人間関係が見えてくることがあります。自分が厳しい状況になると、サーッと離れていく人がいる。そのときに残ってくれた人は貴重な友人で、そういう人とは長い付き合いをゆるやかに続けていくことができます。特に、芸能界のような浮き沈みがある世界では、逆境にならないと、本当に信頼できる人は誰かわからないという話をよく聞きます。

体を整えて平常心を養う

逆境や順境にかかわらず通用するのは、何かしらの技術です。逆境であろうと順境であろうと、英語ができるとか、車の運転がうまいというのは変わりません。身に付けた技は、どんなときにも自分の味方になってくれます。

また、家族という人間関係も身に付けた技のようなもので、逆境順境にかかわらず離れることがありません。逆境に置かれると、家族は否応なくその波を一緒にかぶることになります。逆境にいる人同士、辛くて離れようがないのです。

かつての日本人は、逆境のときにも揺らがないよう、順境のときにも舞い上がらないよう、「平常心」を養っていました。具体的には、臍下丹田を意識して座り、心を整えます。そうすることで、順境でも逆境でも一喜一憂しない平常心が養われたのです。

何があっても動じない人生はつまらないものですが、風を受けすぎて心に波が立ちすぎるのも疲れます。座禅まではいかなくとも、静かな心で過ごす時間を持ちたいもの。「人生には、こういうときもあるなあ」と思いながら静かにしていると、やがて時間が過ぎてゆきます。

体の傷が癒えるには相当の時間がかかりますが、心の傷も癒えるまでには時間がかかります。ところが、心の傷は癒しきれないまま放置されるケースが多い。放っておいたらその人の一生を暗くしてしまうことになるので、上手な治療ができる人と出会い、回復させていきましょう。

◎齋藤孝の「バランスの極意」

うまくいっているときほど、調子に乗らず平常心を保とう。

トラブルや思い残しは絶好のチャンス

人を看《み》るには、只後《ただのち》の半截《はんせつ》を看よ。（前集93）

――人の一生の評価をするには、ただ後の半生を見るだけでよい。

終わりよければすべてよし

人生の前半というのは、生まれた家がよかった、生まれつきルックスがよかった、持って生まれた運動神経がよかった、などが大きく影響してきます。しかし、元々ルックスがよくて十代にはモテていた人が、二〇代になって少し落ち、三〇代になってさらに落ちてしまうことはよくあります。一方、十代では目立たなかったのに、年齢を重ねるにつれだんだんモテるようになる人がいる。これは単にモテるだけでなく、人望が集まってくるという意味になります。人が集まるからこそ、異性も集まってくる。それは、本人が努力をした結果と言えるでしょう。

スポーツ選手など、人生の前半にクライマックスがくる人もいないわけではありません。

前半生より後半生が大切

でも、後半にいいことがある人生というのは、運命への処し方がよかったということだと思います。

ここには面白いたとえが書いてあります。

「浮き名を流した歌い女《め》も、晩年に縁を得てよい夫と巡り合い、一緒に生活をしたならば、浮き名を流したそれまでの華やいだ生活も、一向に妨げにならない」

「貞節な婦人も、白髪が目立ちはじめるような年になって、操を守ることができないような生活をすると、それまで清い生活をしてきた苦労も何の意味もなくなってしまう」

これは、終わりよければすべてよし、という考え方でもあります。後半がよくなってくると前半の失敗や苦労が報われますが、後半が崩れてしまうと前半がよかったとしても全体的に「いまひとつだった」という気持ちになります。人生とは、掛け率がだんだん重くなっていくもの。五〇代、六〇代、七〇代でよくなっていくと、むしろ若いときの苦労がよく見えてくることもあります。

たとえば、十代や二〇代に恋愛をしそこなった人がいます。男女共学の学校に通った人は、それほど青春を恨んでいないかもしれませんが、別学に行った人というのは悔いが残っている場合がある。要するに、高校生のころ「〇〇さんが好き」とラブレターを渡すようなことがしたかった。でも、そういう経験をしそこなった人は、あとからその思いがのしかかってきます。

そんな経験も、考えようによっては変わります。生涯にわたって恋愛にあこがれを持ち、常に身をきれいにして「これから私はモテるんだ」と思って人生の後半を過ごすこともできるからです。

人生はいつからでも変えられる

私は、ある保険会社が主催する「ザッツ・ゴールデンタイム!」というフォト&エッセイコンテストの審査員をやっています。「人生がもっとも輝いた時間」というテーマで、一般の人が応募してくるのですが、多くの人が「この一瞬があったから、自分の人生が報われた」というような話を書いていて、とても面白く読ませてもらっています。

たとえば「自分は視野が狭いと医師に告げられショックを受け、友達に言ったら『ドライブに行こう』と誘ってくれた。そこは一面のひまわり畑で、一面に咲いているので視野が狭くてもとても美しく見えた」と書いていた人がいました。審査員特別賞を差し上げたら、「これを励みに生きていきます」と言われました。

辛い経験があったほうが、そこから這い出たとき一層よいことが生まれる場合がありまず。前半生は貧乏だった、前半生は失敗だらけだった。でも後半生を立て直していった人には、本人の並々ならぬ努力があるので、深みが生まれます。トラブルがチャンスというのは、人生の場合は本当だと思います。安全な道を歩きたくても不慮の災難が突然ふりかかってくる場合もあります。そういう経験を乗り越え、福に転じていくことが大事なのだと思います。

◎齋藤孝の「バランスの極意」

若いときの失敗や苦労は、年を重ねて取り返せばいい。

第五章　自分も相手も心地いい関係の作り方

人の話を聞く力

群疑《ぐんぎ》に因《よ》りて独見《どくけん》を阻むこと毋《なか》れ。公論を借りて私情を快くすること毋れ。（前集131）

――大勢の人の疑いによって、一人の意見を拒《こば》んではいけない。世論の力を借りて、それを利用して自分の気持ちだけを満足させるようなことをしてはいけない。

会議では、出たらすぐ戻れ！

自分の意見を貫き通し、他人の意見を排除する上司がいます。聞く耳を持たない人がトップにいると、部下は発言しなくなります。たとえば会議で上司に「お前ごときが何を言ってるんだ」と言われたら「もう言わない」と、部下は気力を失ってしまうでしょう。

意見が出にくい雰囲気になった会議はもうダメです。相手を怖れさせてはなりません。「何を言っても大丈夫」という空気を作ることがもっとも大事です。このようなとき、ブレーンストーミングの手法を取り入れると、リラックスできます。ブレーンストーミング

1分でね
1…2…
3…
なるほど
へぇ
自由な発言ができるのが
よい会議
面白い！
すごいなぁ

のルールは、相手の言っていることを否定しないこと。そして、議論ではなく数多くのアイデアを出すこと。一人の人が長く話すのではなく、次々違う人がアイデアを出すのです。発言時間は短いほどいい。そして、アイデアは出すほどいい。こうすれば、誰もが意見を言いやすくなっていきます。

私の講演会では、知らない人同士に四人一組になってもらって課題を出し、時間を決めて話してもらうことがあります。たとえば「五色のビー玉が五〇個ずつあったとしましょう。これを自由に使って遊びを考えてください。一人二案ずつ考えて発表し、一つ終わったら拍手をしてほめましょう。そのアイデアに触発されてまたアイデアが出るのが一番クリエイティブです」というようなことをやります。

　このとき、もっとも困るのは、自分の説ばかり話す人です。「ビー玉を転がしてその上を全速力で走る遊び」と言うだけでいいのに、それについて長く話してしまう人がいます。そういう人はおそらく会議も上手ではありません。

　会議というのは、「出たらすぐ戻る」ことが大事です。しかし、ずっと自分が話の中心でいたい人がいます。先ほどのビー玉遊びでも「三分で十個出してください」と言っているので、一人が長く話すと個数が出ません。聞いているほうも「自分勝手だなあ」と思うでしょう。

小さな利益のために対局を失うな

『十二人の怒れる男』という映画がありました。法廷の陪審員を描いた古典的名作です。ある事件で、みんなが黒人少年を疑い、犯人だと思っている。その中で一人だけ「いや、もうちょっとゆっくり考えてみよう」という人が現れます。みんな早く帰りたいし、時間を気にしていますが「この子の一生がかかっているのだから、もう一度ゆっくり話そう」と言ううちに、陪審員がさまざまな偏見を持っていたことがわかり、少年は無罪になるという話です。

　たとえばテレビのワイドショーなどでも、殺人事件などを取り上げると、「あの人があやしい」と思うときがあります。もちろん、テレビでは誰もそんな発言はしませんが、人には思い込みというやっかいな感情があります。

そして、逮捕されるとやっていないことまで自白するケースがあります。検察や警察は正義や安全のためによくやってくれていますが、彼らにさえ思い込みがあり、実際に冤罪事件が起きています。戦後のどさくさの時代ならともかく、いまもそういうことがあるのは、非常に困ったことです。痴漢冤罪なども立証するのが非常に難しいと聞きます。

冤罪を生まないように、取り調べの可視化や記録はとても大切でしょう。そして、思い込んで疑ってかかり、意見を封鎖することがないようにしなければなりません。自分の小さな利益のために、大局を失ってはいけないのです。会議中も、自分の利益のために、気を荒立てることがないようにと思います。

◎齋藤孝の「バランスの極意」

会議では、アイデアを出し合うブレーンストーミングの手法を取り入れよう。

理解力があると度量が広がる

徳は量に随《したが》いて進み、量は識《しき》に由《よ》りて長《ちょう》ず。（前集145）

――人徳はその人の心の広さに従って進み、その心の広さはその人の考え方に従って成長するものである。

心の広さは理解力によって支えられる

「徳」と「量」と「識」という三つのことが書かれています。

徳とは、なすべき価値で大切にすべきもの。量とは、度量で心の広さ。識とは、物事の見識です。

「人徳がある」とか、「徳がある人」と言われたいものですが、徳とはどこから来るのでしょうか。「謙虚さ」というのであれば、私にはその素質がありません。しかし、謙虚さだけが徳というのは少し違う気がします。心の広さは理解力によって支えられると、私は常々思ってきました。だからこの言葉は、非常に心にしっくりきます。

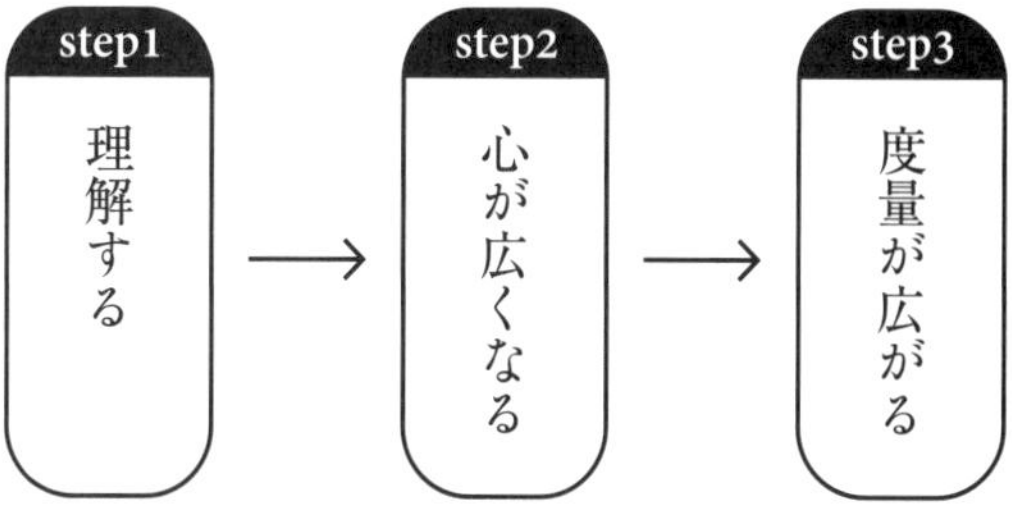

人を理解することは、人徳につながる

物事をよく知って、よく理解することで心が広くなる。私はこの考えに大賛成です。人は、相手を愛することはできなくても、理解することはできます。理解できれば近づける。「愛」と「理解」を比べたら、理解のほうが重要だと考えています。

キリスト教とイスラム教が反目し合っている状況があります。そこに「愛情を持て」というのは難しい話ですが、理解することはできるでしょう。日本人も宗教について学べば、もっと理解を進めることができるはずです。

相手が理解できるようになると、その理解が心の広さになり度量になって、やがては人徳につながっていきます。その証拠に、理解力がない、人がいいだけの人を「人徳がある」とは言いません。また、優しい心を持つ人が、心が広いとも限らないでしょう。謙虚で穏やかそうに見えても、許容範囲の狭い人もいます。

相手を理解すれば腹も立たない

私は学生たちに「人間への理解力をつけるように」という思いで、授業のメニューを組んでいます。一年生の前期には『罪と罰』や『カラマーゾフの兄弟』を読んでもらいます。ドストエフスキーの小説には、変な人がたくさん出てくる。変な人全員を理解しながら本を読み、もっとも自分が理解できたお気に入りの人物になりきって、その人を弁護するという授業をしています。

たとえば、『罪と罰』の主人公で殺人者のラスコーリニコフになりきり、「こういう事情で殺してしまった」と弁護する。その人間を理解してみると、ラスコーリニコフがとても他人とは思えなくなってきます。それぞれの希望で脇役も割り振るのですが、登場人物全員が変なので普通の人がいません。中庸どころか、過剰な人間ばかり出てくるのです。

それほど人間にはたくさんの個性があり、それぞれの意志で動いていることがわかります。そして実際に小説の中の人を生き、理解力が進むと、最初は「こんな人、大嫌い」と思っていたのに、むしろその癖が面白くなって、癖を愛するようになります。

愛というのは非常に不安定なので、一生持ち続けられるとは限りません。ただし理解は深まっていきます。夫婦間でも、愛が深まるかどうかはわかりませんが、理解は深まる。

「この人はこういう人だから」と思うと、耐えられるようになります。

また、相手を理解すれば、腹が立たなくなる面もあります。「こういうポイントでキレるのか」とわかると、楽になる。「すぐ、いっぱいいっぱいになるんだな」という人もいます。精神的な容量が狭く、パニックになったり瞬間湯沸かし器になったりする。怒っているときは本人も大変そうです。しかし、その人が心のない人かというとそうではなく、情熱的で人に慕われることもあります。

歴史を学んで人間への理解を深めよう

人間を理解するには、ある種の技術が必要です。技術を磨くために、ドストエフスキーはぴったりの教科書です。読んで登場人物を好きになっていくと、ドストエフスキーの人間理解の目が、こちらにも移ってきます。小説というのは、人間理解力を砥ぐ砥石のようなもの。優れた小説を読むと、人を深い目で理解できるようになります。文学は想像力と人間理解を富ませるために、非常にすばらしいものなのです。

一方、人間理解力だけではなく、さまざまな見識も重要です。ふだんから本や雑誌をたくさん読み、テレビを眺めていると、大量の情報が入ってきます。すると自然に見識が広がり、バランスがとれてきます。

また、世界の歴史を知ることも重要でしょう。世界史を勉強しないで物事を判断するのは非常に危険です。日本では世界史が高校生の必修科目ですが、世界の国々では、世界史を勉強していないところが多くあります。しかし、世界の歴史を知らずして、現代を生きていくことはできません。どのようなプロセスで産業革命が起き、フランス革命があり、植民地に対してどのようなことが行われてきたか。知らないと現在の状況の判断もできません。大人であっても、世界史を一度やさしい本で勉強するといいと思います。

◎齋藤孝の「バランスの極意」

ドストエフスキーの小説を読み、世界史を学んで人間理解の目を養おう。

叱るときは「イエス、ノー、イエス」

人の悪を攻《せ》むるときは、太《はなは》だ厳《げん》なること毋《な》く。（前集23）

――人の悪を責めるときには、あまり厳しすぎるようにはしない。

カッとなったときには、まず深呼吸

人の欠点やミスを責めたくなるときがあります。夫婦にもあるでしょうし、仕事場でもあるでしょう。そんなときには、ひと息入れるのがコツです。すぐに口に出すと言いすぎることがあるので、まずはひと息ついて自分が落ち着く。そして、「相手はちゃんと受け止められるかな?」と考えてから声に出しましょう。

厳しい言葉をいきなり投げると、相手がつぶれてしまったり、関係が決裂してしまうことがあります。家庭内でカッとして見境なく言葉を投げつけ、あとの処理が面倒くさくなった経験がある人も多いでしょう。そのようなことをなくすには、まずは自分が落ち着くこと。厳しすぎる言い方はやめることです。

また、叱るときには相手の器の大きさによって、厳しさを変えることも大切なポイントです。教える場合は、あまり高い目標を置くと現実的ではなくなるので、実行できる範囲を設定し、相手の状況やレベルを見きわめましょう。

叱っても相手に受け入れる構えがないとき、その人は「攻撃されている」と感じるだけです。信頼関係がないと叱ることはできません。家庭は、学校よりは叱りやすい環境と言えます。しかし家族関係でも頭ごなしに叱るのではなく、相手への期待を込め、ほめを入れることが大切です。

叱るときには「イエス、ノー、イエス」のサンドイッチにするのが、一つの技です。これは弁護士の射手矢好雄さんと『ふしぎとうまくいく交渉力のヒント』（講談社）という本を作ったときに教えてもらいました。

最初に「結構よかったよ」と言い、次に「ちょっとここは変えるといいね」と言い、そして最後に「基本は大丈夫だから」と言う。これが、「イエス、ノー、イエス」です。ノーというのはダメ出しで、本当に言いたいことはノーの中にあるわけです。

私の授業でも、学生たちにこの訓練をさせています。人の発表を聞くとき、まずは受け入れて「ここがよかったと思う」と言い、次に「こうしたほうがいいよ」「こうするのもありだね」と助言をし、「でも、基本はＯＫだよ」というサンドイッチ方式を教え込みました。そうすると、俄然みんながやる気になったのです。受け入れてほめてもらった上に、

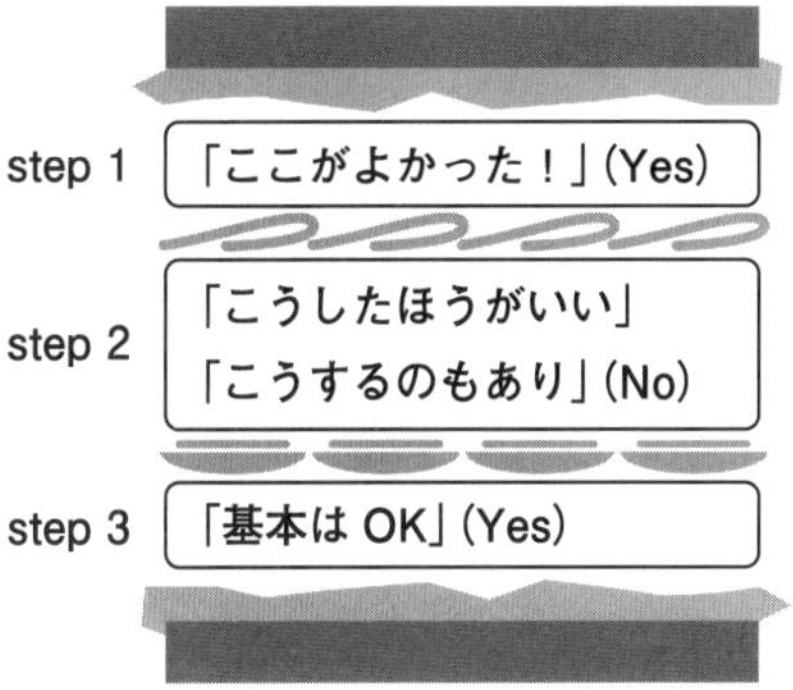

相手の心に伝わる話し方を心がけよう

具体的なアドバイスまでもらえた、と思うからでしょう。

授業は常に四人一組になって一人ずつ発表し、これを繰り返します。自分が発表するときは、他の三人に何を言われるかドキドキしますが、ほめられるとやる気になります。ところが、これを教えていないときは、学生たちはいきなりダメ出しから入っていました。いいところを見つける前にダメ出しから入ると、言われたほうは心が固くなって閉じてしまうのです。

ほめはやる気につながる

いまの日本は、ほめてもらいたいという需要と、ほめ言葉の供給量のアンバランスが大問題だと私は思っています。自分をほめてもらいたい。でも、ほめ言葉が足りないと思うなら、とにかく自分から相手をほめましょう。

ビートたけしさんの「たけしのニッポンのミカタ！」というテレビ番組に出たところ、「お互いにほめ合ってみましょう」ということになり、まずはみんなでたけしさんをほめました。彼は自分のことをほめられると照れてしまって、私のことをほめ始めました。たけしさんには毎週番組で会っています。「齋藤先生は、必ず放送直前にワタシの話題を持ってきて、ほめてくれるんだ。先生はそこがいい！」と言ってくれました。

私は、テレビでたけしさんが何かをしているのを見たり、週刊誌に書いたコラムを読んだり、監督した映画を見たときには、素直に感想を言うようにしています。「この間のコラムは面白かった。映画のあのシーンはよかった」というような話をするのです。思っていても言わない人は多いと思いますが、ポジティブなことならどんどん口にしてみる。そして言い慣れるといいと思います。

日本人は少々遠慮がちな上に、ほめられると照れくさいという気持ちがあります。自分の奥さんにも「今日はいい感じだね」と言える人はとても少ない。だから、ほめコメントの量を少し多くして、「イエス、ノー、イエス」でサンドイッチにして話していくと、気持ちを伝えやすくなるでしょう。

◎齋藤孝の「バランスの極意」

叱るときには、最初と最後に必ずほめ言葉を入れよう。

人を責めない

人の小過《しょうか》を責めず、人の陰私《いんし》を発《あば》かず、人の旧悪《きゅうあく》を念《おも》わず。

（前集106）

――人のささいな過失を責め立てたりせず、人の隠し事も暴き立てず、人の過去の悪事をいつまでも覚えていたりしないようにする。

許し合える環境を自ら作ろう

二一世紀のキーワードは「寛容」だと思います。不寛容の時代に突入したのは、アメリカの九・一一テロ以降ではないでしょうか。あれが二〇〇一年ですから、十年以上かけて世界中に不寛容の空気が充満してきた気がします。

テロのあと、イラクに大量破壊兵器があるといって、アメリカが攻撃を行いました。フセインはつかまりましたが、結局大量破壊兵器は見つからなかった。その間、多くの民間人犠牲者も出て、混乱を招きました。そんなことが許されるのでしょうか。

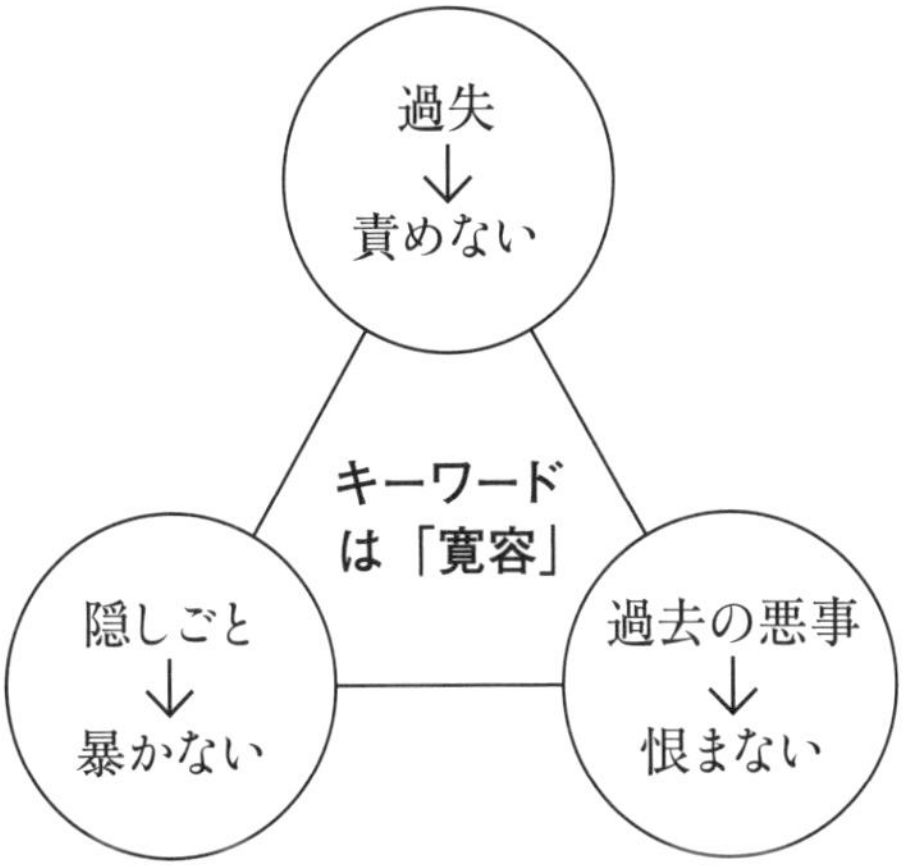

他国から軍隊を送り込み、そこを民主化するというのは大変な問題です。アメリカでもこれを問題視する人がいますが、イラク戦争に至る意思決定の過程が『ブッシュ』という映画で描かれていました。行ったり来たりの報復が長く続く状態を見ていると、許し合うことは本当に難しいものだと実感します。こうして寛容がどんどん失われていくとするなら、人類の進化のプロセスとしては、非常にまずいと思わずにはいられません。

ここに書いてあるのは、非常に覚えやすい言葉です。

ささいな過失は責めない――。大きな過失であれば、もちろん相手に言わなければなりませんが、小さいものなら言わずに過ごす。あまり細かく責めると、相手に嫌がられます。結婚生活は特に、ちょっとしたミス、気質の違い、生活習慣の違いは、「もうどちらでもいいや」というふうに受け流す気持ちが大事です。

隠しごとは暴かない――。携帯電話には、秘密が詰まっていることがあります。盗み見をしたところから不幸が始まる。暗証番号を何とか解除し、相手の携帯メールを見たために、別れたカップルの話もよく聞きます。すべてを知ることが幸せとは限りません。秘密は暴かないほうがいいのではないでしょうか。

過去の悪事は恨まない――。恨みが続く人は、ある種の負のエネルギーが強いのかもしれません。先日テレビを見ていたら、中村うさぎさんと美保純さんが出ていました。中村さんが「絶対に許せないものは、どこまでも徹底的に許せない」と語り、美保さんは「絶対に許せない感覚というものがない。恨む気持ちが続かない」と語っていました。私は美保さんと同じ静岡出身で「わかるわかる！」と思いながらテレビを見ていました。「許せない」とそのときは思っても、すぐにどうでもよくなってしまうのです。土地柄もあるのかもしれません。

こういう感性は使いようです。「絶対に許せない」という思いが長く続き、何かを成し遂げることがあります。たとえば原爆は許せないと思ったとき、反原爆運動や、核廃絶運動につながっていく。こういうことなら賛成です。

忘れることで自分が楽になれる

ただ、普通の人間関係では、ささいな過ちは責めないように、秘密を暴かないように、過去の悪事も恨まないようにする。忘れてしまうだけでも、ずいぶん人間関係はほんわかしたクッションが効いてきます。

「昨日何やってたの?」と責め立てたり、「十年前こんなことがあった」と嫌な思い出を蒸し返していると、常に周囲にマイナス要因が生まれます。これはそうしないための三つの言葉。覚えておくとよいでしょう。人を許す心は徳を養い、害を遠ざけることにもつながり、結果的に他人の恨みをかうような話題も避けることができます。

人を許せない人が増えていますが、自分の気持ちがそういう方向に傾きかけたとき「小過を責めず」とか「陰私を発かず、旧悪を念わず」とスパッと言えるとカッコいい。ぜひ手帳に書き写したり、リビングや台所に書いて貼ってみてください。家族みんなの目に入ることで、心がなごやかになっていくのではないでしょうか。

◎齋藤孝の「バランスの極意」

「小過を責めず、陰私を発かず、旧悪を念わず」と書き、リビングに貼っておこう。

見返りを求めない

恩を施すは、務めて報ぜざるの人に施せ。（前集155）
——恩沢《おんたく》を施すときには、できるだけ恩返しができないような人に施しなさい。

何度でも同じことを伝える

大学で、学生たちと一年から四年まで付き合うと、結構長い期間になります。卒業し、就職してからもまだ付き合っていると、さらに長くなります。入学したころは人の話を聞けず浮いた存在だったT君は、ゼミに入ってもっとも成長した学生です。そして就職したと思ったら転職し、今度は結婚することになりました。なかなか話が通じないように見えていましたが、彼は私のところを離れませんでした。だから、私も何度も何度も言葉をかけることができました。

人の気質は変わらないかもしれませんが、社会性を獲得することはできます。一回でも、十回でも、五〇回でも効かなかった言葉が、一〇〇回目には効くかもしれません。子ども

何度も繰り返し伝えることが大事

たちには、一〇〇回でも二〇〇回でも同じことを伝え続けるのが大切だと思います。

そう考えてみると、教育というのは恩返しが期待できない領域です。「施し」とは違いますが、なかなか変わらないと思う子にこそ、教育が必要です。

ところが教える側は、見どころのある子のほうに行ってしまうことが多々あります。本当は意識のエネルギーが少ない子のほうへ、意識してエネルギーを注ぎ込まなければなりません。意識がはっきりしている子は、ある程度の反応があれば大丈夫です。そうではなく、意識がぼーっとしている子に、意識のシャワーを徹底的に浴びせかけ、声をかけ続けるのです。そうすると、ぼんやりした子がだんだんに起き上がり、反応が返ってくるようになります。

教育は儚い

昭和を代表する教育者、斎藤喜博《きはく》先生は「教育は儚《はかな》い」と言いました。教育にすべてを賭けているけれど、教育はとても儚いもの。儚いことをわかってやるのが大事なのだ、と語っていました。もちろん恩返しされることもないし、必死でやっても残らない儚さがある。しかし、それでもやるのだ、というのです。私自身、教育という仕事に長く関わっていますが、「儚いけれどいつかは通じることもある」と思っています。だから、言い続けていくことが大事なのです。

最近は年齢のせいか、おせっかいな「世話焼きおじさん」になってきて、学生から「先生も年をとったのですね」と言われるようになりました。卒業生と会うたびに、「どう、あの人は？ 付き合ってみたら？」などと言ってしまうからです。

かつての社会には、世話焼きおばさんがたくさんいました。彼女たちは、何の見返りもないのに、誰かと誰かを結びつけたがりました。若い人は結婚しなくても幸せだと思っていますが、結婚して子どもを産み育てた人は、家族を作る幸せをみんなに感じてほしいのです。

他人の人生なんだから、それぞれ好きにすればいいじゃないか、という考えもあるでしょう。でも、それは少し違うと思っています。若い人はその価値がわからずに、アッと気づいたら四〇歳を超えていることがある。だから私も、恩返しなど期待せず、世話焼きおじさんと化しているのです。

◎齋藤孝の「バランスの極意」

人を育てるときには、恩返しなど思わないほうがいい。

バランス感覚のある人と付き合おう

沈々《ちんちん》として語らざるの士に遇《あ》わば、且《しばら》く心を輸《いた》すこと莫《なか》れ。悻々《こうこう》として自《みずか》ら好《よ》しとするの人を見ば、応《まさ》に須《すべか》らく口を防ぐべし。

（前集123）

――静かすぎてものも言わず、その心がわからないような人には、とりあえず自分の本心を語ってはいけない。怒りっぽくて自分だけは正しいと思い込んで、人の言うことを聞かないような人には、決して口をきいてはならない。

心を許すポイントはその人の話し方に有り

人生の運のほとんどは、誰を信用するかによって決まります。たとえば結婚相手をちゃんと選べた人は、人生の最後まで「この人でよかった」と思うでしょう。八〇代の男性で「君に会えてよかった」というエッセイを書いている人がいました。奥さんはいつも明る

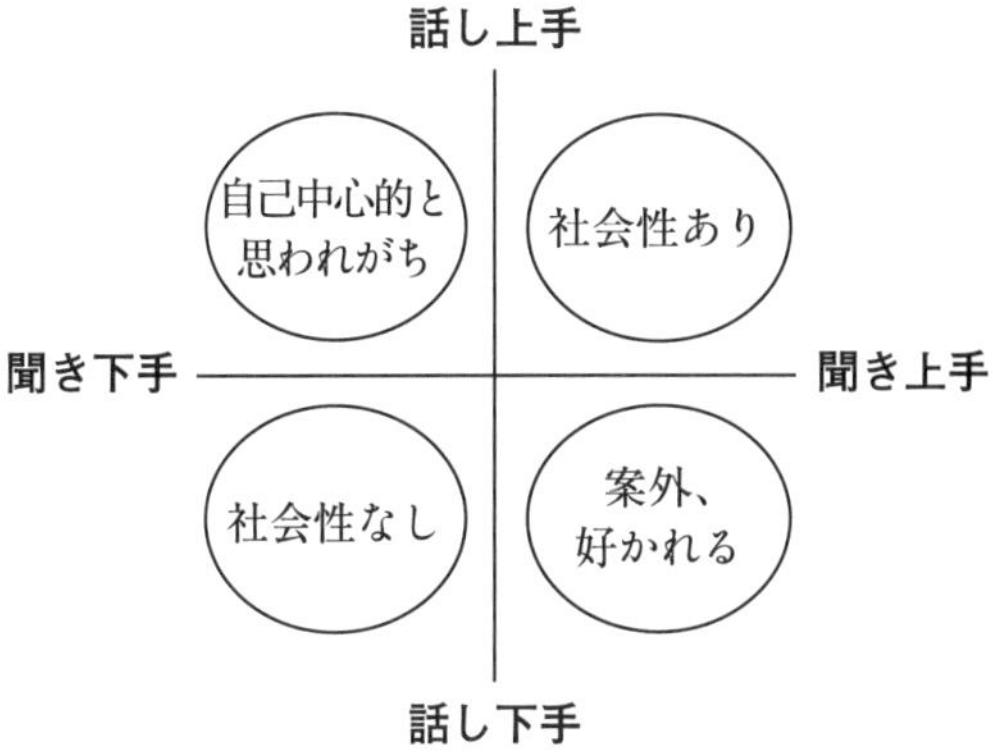

まずは、聞き上手を目指そう！

く、野菜を作って、食卓には野菜料理が並んでいる。おいしいものを食べて健康でいられるのは幸せなことだと信じているのです。その人と長く暮らして、健康で八〇歳を超えて「君に会えてよかった」と言える人生。結婚相手を間違えなければ、人生はこんなに幸せに送れるのだと思いました。

先日、数学者の秋山仁先生と対談したとき、編集者から「周囲からいろいろなことを言われるが、誰のアドバイスを聞いたらよいかわからない」という質問が出ました。そのときの一つの答えは「経験値の高い人の話を聞け」ということでした。

もう一つ私は、「アドバイスしてくれる人の忠告が、アドバイスしている人の利益にならない場合は信用してもいいのではないか」と言いました。得にならないことを言ってくれる人は信用していい。秋山さんは「明確な基準で数学的ですね」と言ってくださいました。迷うときは、経験値が高くて私心のない人の意見を取り入れるといいと思います。

また一方では、静かすぎてものを言わない人がいます。自分のことを語らない人は、ずるい感じがする。ここにもバランスがあります。沈々として語らない人と、悖々として怒りながら語る人がいるとすれば、どちらも距離をおいたほうがいい。

話し方で心を許すか許さないかを決めるのは、非常によいアドバイスです。上手に人の話を聴けて、上手に自分の話をできる人には社会性がある。絶対自分の本心を言わない人とは、友達にはなりにくいでしょう。しかし、あからさまに全部を言ってしまうと、友達同士であってもうまくいかなくなるときがあります。バランス感覚のある人と付き合いなさいということでしょう。

聞く力があれば人生はうまくいく

二〇一二年のベストセラー書籍総合第一位は、阿川佐和子さんの『聞く力』（文春新書）でした。彼女は「週刊文春」で対談を長く担当していて、私も呼んでいただいたことがあります。初めてお会いしたときでも、初対面のような気がしませんでした。そして、なぜか彼女が相手だとしゃべりすぎてしまうのです。

黒柳徹子さんのときにも初めてお会いした気がしませんでしたが、黒柳さんの場合はあまりにもテレビで長く見てきたゆえにそう思いました。しかし阿川さんの場合は、少し違う。身近なお姉さんのようなやわらかい入り方で始まり、パッと距離感が近づいて対談が進んでいきます。話すうちに阿川さんがスッと本音を言ってくるので、こちらも肩の力が抜けて話しやすくなります。

阿川さんはとても頭がいい人なので配慮しながら話されますが、気を使いすぎていない雰囲気で、適度に本音というスパイスを利かせながら、リラックスさせてくれます。相手が気を使うとこちらも固くなってしまうので、そのあたりのバランスも絶妙だと思いました。そんな彼女の実力は一般の人にも知れ渡っているので、あの本がベストセラーになったのでしょう。

◎齋藤孝の「バランスの極意」

人の話を上手に聞き、自分の話も適度に本音で語ろう。

つまらない人とは付き合わない

小人《しょうじん》と仇讐《きゅうしゅう》することを休《や》めよ。（前集187）

——つまらない人達と憎み合うのはやめなさい。

一生のうち、付き合う人は限られている

このあと「君子に諂媚《てんび》することを休めよ。君子は原《もと》より私恵《しけい》無し」と結ばれます。君子であっても、こびへつらうことはやめなさい。もともと君子は依怙《えこ》贔屓《ひいき》などしない人だから普通に接しなさい、というのです。

つまらないと思っている人から嫌なことをされると、復讐したくなったり、恨みに思ったりするかもしれません。しかし、つまらない人に復讐することほどつまらないことはない。面倒なことからは距離をとることです。

小人には小人なりの相手があり、対等な人同士が付き合えばいいと思います。ただ、自分のことを小人だと思っている人はいません。ここで言うのは「自分が小人だと思う人」

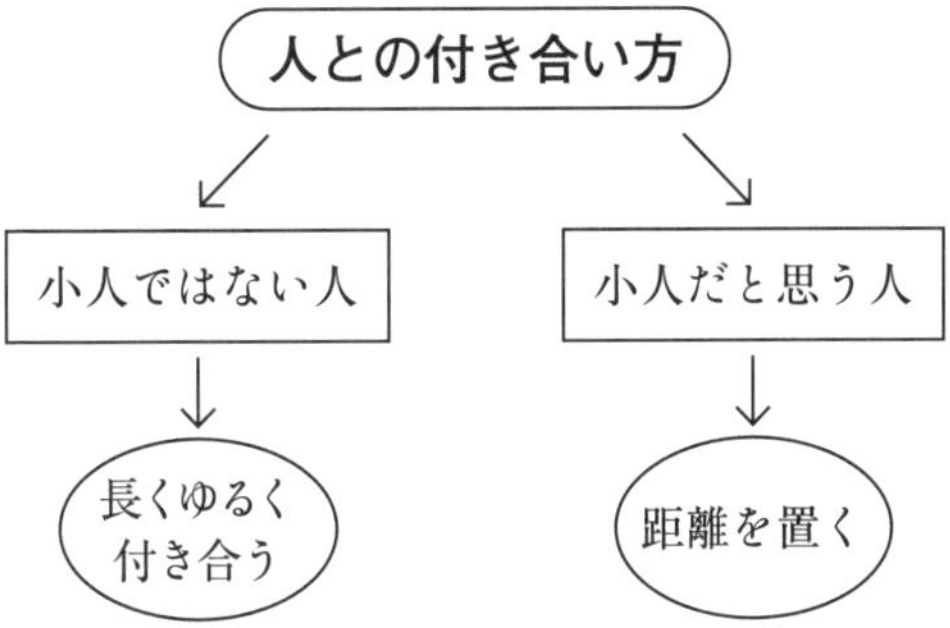

合う相手を選んで付き合おう

のことです。

一生のうちに付き合える人は限られているし、年を重ねるごとに付き合う人はしぼられていきます。限りある人生なので、自分が小人だと思う人とは距離を置き、本当に心許せる友人と付き合う。それも、技量の拮抗する相手と付き合うのがよいでしょう。

たとえば囲碁や将棋で言うと、ちょうどいい好敵手。そういう相手を見つけると、何回指しても、勝ったり負けたりして楽しく進められます。

他にも、自分と同じような環境にある人、感性が似ている人、センスが似ている人、経済状況が似ている人……。そういう相手は、付き合っていて負担になりません。その中でよい友人が見つかれば、長くゆるく付き合っていくといいのです。

あまりにも相手と自分がずれている場合、その人について悩み続けるよりは、付き合う人を変えていく。相手を選ぶことが大事だと言えるでしょう。

◎齋藤孝の「バランスの極意」

感性がずれている相手と付き合うよりも、合う相手を見つけよう。

あたたかい家庭を作る

家庭に個の真仏《しんぶつ》有り。
意気交《こもごも》〻流れしめば、調息観心《ちょうそくかんしん》に勝ること万倍《まんばい》なり。（前集21）

——家庭の中には一つの真実の仏がいる。息をととのえて気を養ったり、心を観察して特別な修行をして悟りを開くことよりもずっと勝っている。

家族は安心の元

この考えは、すばらしいと思います。

「家庭に個の真仏有り」

色紙に書いて、リビングルームに飾っておくとよいでしょう。言われてみれば、ああそうかと思うところがあります。とりたてて修行をしなくても、そこにやわらかな気が満ちていればいい。子どもが小さいころは、子どもがいるだけで和気あいあいとした空気が流れ、家庭がまとまりやすくなります。仏がいると感じられるのはそういうときかもしれません。

子どもが育って夫婦だけになっても、何かしらよい気が流れていれば、そこに仏は存在するはずです。もちろん、一人で座禅を組んで自ら仏になるという方法もあるでしょう。落ち着いた悟りの心は一人でも味わえますが、子どもがわあわあ騒いでいても、それもまた仏。家族団らんの中に道があるということなのです。

現代人は、家庭の中で育ったのに、家庭を作らない人が増えています。最近は決意しないと作れないほど、家族を持つことがハードルの高いものになっている。かつては誰もが結婚しましたが、家庭を「作る」「作らない」の選択ができる時代になったとも言えます。

いま、一人で暮らしている人も、家庭を持っている人も、まずはこの言葉のように「家庭に仏がいる」と考えてみましょう。

人と人が一緒に暮らす姿は、人間にとって根源的な幸福につながっています。人類史の古い時代から、家族は幸せの象徴でした。家族という単位があることで人間は幸せを見出し、生きがいを感じてきました。家族を幸せにしたい気持ちが、さまざまな仕事や活動につながっていったという研究も行われています。

脳科学の分野でも、お母さんに手をにぎってもらっていると、子どもは安心して力が出せるというデータがあります。手をにぎると、脳内にはオキシトシンという物質が流れます。これが家族の安心の元となっている。ストレスの多い現代は、この安心感が特に必要

身近にある仏の姿に気づこう

なのではないかと思います。

人には誰かとつながることが必要

家族とは、外で何があっても受け止めてくれる存在です。たとえばプロ野球のピッチャーが、大事な試合で滅多打ちにされて日本中からダメだと言われたとします。しかし、家族はその試合をあえて見ない。そして何もなかったように、お父さんを家に迎え入れます。そうしていつも通りの日常を過ごすと、再び選手は立ち上がれます。

家族まで「なんで、あそこであんなボールを投げたの？」と責め立てたら、どこにも行き場がなくなってしまうでしょう。家族というのは、仕事の能力の評価とは別のところにあるものです。

また、よいか悪いかはわかりませんが、子

どもが罪を犯しても刑期を待つのが母親です。罪を犯したからといって、自分の子どもでなくなるわけではありません。このような家族の絆は、人の気持ちを穏やかにする。一人でもしっかり生きていけることは大事ですが、誰かとつながっている状態が、心にとってはちょうどいいのです。

たとえばそれが、人でなくてもいい。草木を育てるとか、金魚の世話をするとか、生きものとつながる。つながることによって、自分自身が安定します。心というのは、私たちが思うよりもずっと外に出たがっています。流れ出ていく先で水のようにつながり、向こうからも流れ込んでもらって、ようやくちょうどよくなるものかもしれません。

そういう意味で、長い年月「引きこもり」になっている人は、正常な心を保ちにくくなっています。心を内側に閉じ込めたままなので、突発的な暴力に出たり被害妄想に入ったりする。心は適度に流しておかないと澱んでしまうのです。

もっとも心をつなぎやすいのが家庭です。家庭があれば、そこには仏がいる。あまり会話がない夫婦であったとしても、そこにも寡黙な仏はいると悟るのも大事だと思います。

◎齋藤孝の「バランスの極意」

何かとつながって、心にある思いを吐き出していこう。

家庭では共通の話題を増やす

春風《しゅんぷう》の凍《こお》れるを解くが如《ごと》く、和気の氷を消すが如くす。纔《わず》かに是れ家庭の型範《けいはん》なり。（前集97）

――春の風が凍りついた大地を解かすように、またなごやかな気候が氷を解かすようにするのである。それができてはじめて、家族の模範ということができる。

家族だからこそ感情的にならない

家庭の中でどのような空気を作ればよいか、この時代も変わらず人は悩んでいたということでしょう。春風が凍っているものを解くというのは、イソップ寓話の『北風と太陽』のようです。

ここにも、「春風や和気は氷を消す。これが家庭の雰囲気だ」と書かれています。家庭の雰囲気の基本は、和気あいあいとしているのがよろしかろう。「和気」とは、春のなごやかな温かい陽気のこと。「陽気がよくなったね」と、昔はよく挨拶を交わしました。天の気（陰の気や陽の気）を感じながら暮らし、自分の体も陽の気で満たされることを感じていたのでしょう。

家族の中で「これはいかん！」ということがあったとき、暴怒《ぼうど》してはいけない、とも書かれています。「暴怒」とは、いきなり怒ること。かといって、問題にしすぎないのもよくありません。言わなければわからないことも多いからです。

たとえば子どものおもちゃが床に転がっていたとします。机の上にそれを見えるように置いておき、気づかせるのは一つの方法ですが、それでもまだ片づかなかった場合はやわらかく言って気づかせます。

いきなり怒り出すと、お父さんの家での人気はガタ落ちです。かつてのお父さんは、人気がなくても権力がありました。お父さんが帰ってくると家族一同そろってお辞儀して出迎える家もあったほどです。だんだんお父さんの比重が軽くなり、今や出迎えてくれるのは犬だけになっている。わんわん吠えて、「お父さんが帰ってきたよ」と騒いでも、家族は誰も出てきません。家庭内に民主主義や平等が行き渡ったのはいいのですが、お父さんの人気が上がったという話はついぞ聞きません。

プライベートには踏み込まず。歩み寄る努力は忘れず。

私は子どもと趣味を同じにしようと思い、子どもが小さいころから月に二回くらいは映

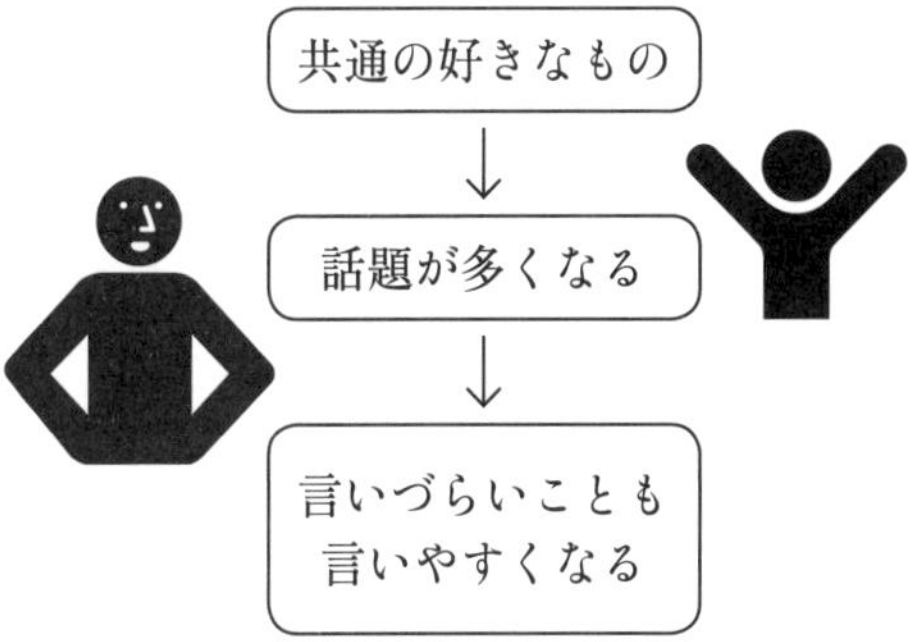

共通の話題を増やすのが、和気あいあいのコツ

画に連れて行きました。子どもには少し難しいかなと思う作品や、ハリウッドものなど、いろいろ取り混ぜて一緒に見ていたところ、大変映画の趣味が合うようになりました。そうなると、中学生になっても高校生になっても、結構子どもが付き合ってくれます。

　また、漫画の本も子どものころから私が選んで買っていました。『ドラえもん』や『パタリロ！』から始まって、ちばてつやの作品や、最近なら『テルマエ・ロマエ』。とにかく買ってきて一緒に読む。そうすると、互いに内容を共有しているのでとても話が合うのです。私が家で尊敬されているとすれば、漫画のセレクトの眼力に間違いがない、ということでしょう。

「この漫画、面白いよ」と私がすすめると、「わかった」と、彼らは結構素直に読んでいます。こうして、共通の話題が増えます。わが家は男の子なのでサッカー観戦も共通の趣味ですし、ヨーロッパサッカーのことなら延々と話ができます。男の子は中学高校に進むとあまり話をしなくなりますが、そういうことを積み重ねていると、とりあえず話題が尽きない。どんな生活をしているかは話しませんが、ヨーロッパサッカーのことならば、ひと晩でも話せます。

家庭では、互いの生活について追及しても仕方ありません。それよりも、こうして共通の話題を増やしていくのが、和気あいあいのコツ。言いたいことがあれば、その合間にスッと言う。クッションを効かせるといいのです。

夫婦の間でも、好きなものを何か共有できるといいと思います。妻のほうが趣味が多い場合は、夫が従って趣味を広げていくのがいい。妻のほうは夫に自分の領域に入ってほしくないケースもあるので難しいところですが、歩み寄っていくことは大事だと思います。

◎齋藤孝の「バランスの極意」

夫婦間、親子間で、何か一つ共通の趣味を持とう。

古くからの友人を大切に

故旧《こきゅう》の交《まじわり》に遇《あ》うには、意気愈《いよいよ》新たなるを要す。（前集163）

――昔なじみの友達と交わるには、気持ちをますます新たにして親しくするのがよい。

旧友に会いに行こう

最近、同窓会が流行っているようです。フェイスブックなどで、すぐに旧友を見つけられるようになり、以前なら絶対に連絡がつかなかった人にまで会えるようになりました。いい時代になったと言えます。

久しぶりの友人と会うときには、気持ちを新たにして盛り上げていこう。互いになごやかな気持ちで会いましょう、と書かれています。同窓会には、続くコツがあるそうです。高すぎない会場を選ぶこと。会費がちょうどいい設定であること。年収の話はしないこと。確かに、年収の多い人が強く出てしまうと、空気が悪くなります。同窓会のよさはそういうことではありません。

私もときどき参加していますが、小学生、中学生、高校生のころに会った人は、小さいころから知っているのでとても懐かしい思いになります。人はほとんど変わらないもので、互いに「変わらないね」と言い合って、変わらないまま死ぬのだということも、なんとなく共有できます。

社会的に成功しても失敗しても、人生というのはそういうことじゃないという付き合い方ができる。同窓生や昔の友達はありがたいものです。そういう友達を大切にして、親しくすべし、ということなのです。

付き合いは長く続けると楽になる

人付き合いにはそれなりの歴史が必要です。私は自分が教えた卒業生に結構会うのですが、もう二〇年という付き合いの人がいます。そうなると相手にも子どもがいて、立派な社会人です。「いま思えば、先生、あのとき若かったんですね」などと言われます。

歴史が長くて関係性が安定している場合、その後もうまくいく可能性が高い。人にとって歴史は非常に大事なことです。夫婦関係でも必ず危機の時期はありますが、長く続けているとお互いが楽になってきて「もういいか」という気分になる。そういう領域もあると思います。

同窓会を続けるコツ

1. 高すぎない会場を選ぶ
2. 会費はちょうどいい設定を
3. 年収の話はしない

昔からの友人とは、なごやかな気持ちで会おう

時間や実績や歴史はとても大切なものだと思います。友達付き合いもゆるくて長いものがいい。仕事相手も古くからの相手は、安心できます。付き合いが十年以上になる編集者さんには、戦友みたいな気持ちが生まれます。人間関係は、新しく補充していく部分もありますが、古い友人は十年ぶりくらいで会ってみると、「相変わらずだな」と楽しめる。それが、「新たなる気持ち」ということでしょう。

◎齋藤孝の「バランスの極意」

若いときからの友人とは、これからもゆるく長く付き合っていこう。

おわりに――一人でも満ち足りる

『菜根譚』の著者である洪自誠は、自らを「還初道人《かんしょどうじん》」と名乗ったと伝えられていますが、人生の詳細は明らかではありません。ただ、何らかの理由で社会の隅に置かれ、隠遁して暮らしたと言われます。

明の時代の中国では、役人となって生きるためには儒教が必須でした。しかしその道からはずれたとき、自誠は老荘思想や仏教へと近づいていったのです。老荘思想は道教と呼ばれ、自然と一体化して無理をせず、自分の気と宇宙の気をめぐらせながら生きていく教え。「世の中でどう出世するか」などの考えから離れ、人生全体を大きな観点でとらえます。また、仏教の中にも物事への執着を捨て、欲を捨て、静かな心持ちで生きる、禅という悟りがあります。

『菜根譚』は、これら「儒教」「仏教」「道教」の三つの教えが、自誠の中を通って咀嚼され、格言的な言葉となって表されたものです。おそらく自誠は先人たちの思想を読み、その言葉に支えられて自分の精神を培っていったのでしょう。

精神とは自分一人のものではなく、先人たちによって支えられているもの。先人たちの作った水源には、儒教仏教道教の三つがあり、そこに朱子学なども流れ込んで大河になって混ざり合います。大河（精神）の中に身を置くと、揺れやすい心が安定します。ささいなことでは、ぶれなくなるのです。

『菜根譚』の内容は、社会で成功したりうまくいったりしたときではなく、うまくいかなかったとき心に沁みるものかもしれません。自分が周囲に評価されていないと感じるとき。自身の力がうまく発揮できないと感じるとき。人生の意味を振り返り考え込んでしまうとき……。ふとした瞬間に立ち止まることは、誰にでもあるものです。

普通それは「不安」という言葉で表されます。これらの不安が訪れたとき、宗教が一つの支えになる人もいます。宗教というのは、自分がなぜそこにいるかという存在の不安を軽減してくれるものです。しかし、明確な宗教を持たない人は、不安が訪れたときやちょっと嫌なことがあったとき、鬱になったり、無力感にさいなまれてしまうのです。

そういうときこそ、『菜根譚』を読むチャンスです。

『菜根譚』は、全編通して本質的な問題を見つめているので、ふとした不安についても深いところで気づきがあります。何度か読んでなじんできたら、気に入ったフレーズを座右の銘として手帳に書き写しましょう。

「今週のひと言」のように手帳にメモしたり、スマートフォンのメモ帳に書き込んで、気分がざわざわするたびに、それを眺めます。言葉で受け止めてやり過ごすことを繰り返していると、だんだんに心を整えて生きていく術が身についていくでしょう。

いまは、心が重視される時代です。心というのは非常に不安定で、日々揺らぎながら移り変わります。しかし『菜根譚』には一人の心の中だけではない、誰にでも通用する「人として生きる基本」が書かれています。これらを自分の中に取り入れ、受け継ぐことができたなら、揺らぐことない精神を言葉で支えていくことができるのです。

昔もいまも、人が生きていく根本はそれほど変わりません。『菜根譚』の目指すところは、一人でも鬱にならずに静かに落ち着いて暮らすこと。特に人生の後半戦を生きていくためには、「死の問題」や「孤独に向き合う」ことがとても重要です。その準備段階として、「一人でも満ち足りる」というメンタリティを学んでほしいと思います。


本書では、講談社学術文庫の『菜根譚』（中村璋八・石川力山著）を参考にしました。この本は見出しが優れ、的確に内容をつかんで、全編に渡り丁寧な解説が施されています。

その他には『音読でこころにしみる菜根譚――釈宗演『菜根譚講話』』（齋藤孝訳・責任編集）も参考にしています。釈宗演は明治大正期の臨済宗の僧で、夏目漱石の禅の師としても知られる高僧です。彼が『菜根譚』の一つ一つを講話にし、人々に向けて解説したものを、私が現代語に訳しました。本書を読んで興味を持ち、『菜根譚』をもっと知りたいと思った人には、ぜひこれらの二冊を読むことをおすすめします。

最後になりましたが、この本が形になるにあたっては、『図解 論語』『図解 養生訓』に引き続き、菅聖子さんとウェッジの山本泰代さんにお世話になりました。ありがとうございました。

二〇一三年六月

齋藤 孝

図解 菜根譚——バランスよければ憂いなし

2013年7月31日 第1刷発行
2024年2月29日 第5刷発行

著 者 齋藤《さいとう》 孝《たかし》
発行者 江尻 良
発行所 株式会社ウェッジ
〒101-0052
東京都千代田区神田小川町1-3-1
NBF小川町ビルディング3階
電 話：03-5280-0528
FAX：03-5217-2661
http://www.wedge.co.jp
振 替：00160-2-410636

ブックデザイン 横須賀 拓
DTP組版 株式会社リリーフ・システムズ
印刷・製本所 図書印刷株式会社

ISBN 978-4-86310-112-8 C0095
定価はカバーに表示してあります。
乱丁本・落丁本は小社にてお取り替えします。